문재인,
대한민국을
말하다!

나라다운 나라

문재인, 대한민국을 말하다!

ⓒ 하은, 2017

초판 1쇄 인쇄일 2017년 9월 15일
초판 1쇄 발행일 2017년 9월 22일

엮은이 하은
펴낸이 김지영 **펴낸곳** 지브레인^{Gbrain}
편집 김현주
마케팅 조명구 **제작 · 관리** 김동영

출판등록 2001년 7월 3일 제2005-000022호
주소 (04021) 서울시 마포구 월드컵로7길 88 2층
전화 (02)2648-7224 **팩스** (02)2654-7696

ISBN 978-89-5979-511-6 (03040)

- 책값은 뒷표지에 있습니다.
- 잘못된 책은 교환해 드립니다.
- 해든아침은 지브레인의 인프린트입니다.

문재인 대통령 연설문 모음집

나라다운 나라

문재인,
대한민국을
말하다!

하은 엮음

해든아침

추천사

2016년 들불처럼 일어섰던 국민의 염원을 담아 문재인 대통령이 당선되었다.

그리고 이제 100일이 지났다.

대한민국 헌정사에 유래 없었던 국정농단의 아픔을 뒤로하고 새로운 희망을 가지고 시작하는 정부인 만큼 우리 국민의 기대가 크다.

기회가 평등하게 주어지고 공정한 과정과 정의로운 결과를 약속하는 대통령, 특권과 반칙 없는 대통령, 잘못을 인정할 줄 아는 대통령, 세우는 권위주의 대신 국민과 눈높이를 함께하며 소통하는 대통령이라니 말만 들어도 설렌다.

이런 대통령과 함께하기 위해서는 우리도 준비를 해야 할 듯하다.

그런 의미에서 대통령의 정책과 앞으로의 비전을 한눈에 확인할 수 있도록 구성된 이 책은 재미있다.

이해하기 쉽고 간결하면서도 명확한 주제를 통해 비전을 제시하는 문재인 대통령의 연설을 보면서 동시에 그 배경과 앞으로 펼쳐질 미래의 대한민국에 대한 계획 등을 살펴볼 수 있는 것도 매력적이다.

100여 일 동안의 기록과 문재인 대통령의 연설문으로 문재인 정부를 살펴볼 수 있다는 것이 경영학자인 나에게 흥미롭게 다가왔듯이 이 책을 보는 독자들에게도 즐거움을 줄 수 있기를 바란다.

성균관대 경영학과 류성민

목차

문재인 대통령은…

　6.25 한국전쟁 당시 흥남에서 피난을 내려와 거제에 정착한 부모님 사이에서 1953년 1월 24일 태어났다. 초등학교에 입학할 무렵 부산 영도로 이사해 경남중학교와 경남고등학교를 우수한 성적으로 졸업했다.

　아버지로부터 배운 지식과 식견, 아버지가 자주 사주신 책들을 통해 사회비판 의식과 분석적 태도를 배우게 된 문재인 대통령은 경희대에 입학한 후 유신독재 반대 시위 등에 참여하다 강제 징집되어 특전사령부에 입대하게 되었다.

　1982년에는 사법연수원을 차석으로 마쳤지만 유신독재 반대 시위 전력 때문에 판사 임용에 탈락하고, 대형 법률사무소의 스

카우트 제안을 거절한 후 인권변호사의 길을 걷게 되었다.

당시 탄압받던 노동자와 학생운동 사건을 주로 담당했던 것이 인권변호사의 길로 안내하고 고 노무현 전 대통령과 평생동지가 되는 운명으로 이끌었다.

2003년 노무현 전 대통령이 당선되자 청와대 민정수석 비서관으로 임명되어 소임을 다하고 1년 후 사임한다. 이후 네팔 히말라야 등을 여행하다가 노무현 전 대통령의 탄핵 소식을 접하고 바로 귀국해 탄핵대리인단 구성 및 법률 대응을 했다.

탄핵심판이 기각되자 시민사회수석과 비서실장을 역임했다.

　정치에는 뜻이 없었던 문재인 대통령이었지만 2009년 갑작스런 노무현 전 대통령의 서거 후 제19대 총선에서 부산 사상구에 출마해 국회의원에 당선되었고 제18대 대통령 선거에 범야권 단일후보로 출마했다.

　박근혜 전 대통령과 최순실 등의 국정농단으로 일어선 국민의 뜻으로 2016년 11월 박근혜 전 대통령 탄핵과 파면이 결정되면서 2017년 5월에 치러진 조기 대선에서 더불어민주당 대선 후보로 출마해 제19대 대통령에 당선되었다.

　사람 사는 세상, 사람이 먼저인 나라, 나라다운 나라를 만들기 위해 문재인 대통령은 국민과의 소통에 노력하고 있다.

> 위대한 대한민국,
> 정의로운 대한민국,
> 자랑스러운 대한민국,
> 당당한 대한민국
> 그 대한민국의
>
> ## 자랑스러운 대통령이
>
> 되겠습니다

빛이 어둠을 이기고
정의가 불의를 이깁니다

박근혜 탄핵 연설문

2016-12-02

대한민국 주권은 국민에게 있습니다. 정치는 국민의 뜻에 따라야 합니다. 박근혜 대통령과 최순실 일당의 국정농단이 온 나라를 흔들고 있습니다.

몸통은 박 대통령이고 공범은 새누리당입니다. 아니라고 거짓말해도 몰랐다고 변명해도 국민은 속지 않습니다. 이미 드러난 범죄 사실만으로도 너무나 참담하고 부끄럽습니다.

앞으로 드러날 부끄러운 일이 더 많다는 것도 국민은 잘 압

2016년 10월 29일
제1차 탄핵 촛불집회

빛이 어둠을 이기고 정의가 불의를 이깁니다

16

니다. 정치가 해야 할 일은 분명합니다. 국회가 해야 할 일은 분명합니다. 피의자 박근혜 대통령을 즉시 퇴진시켜야 합니다.

새누리당은 석고대죄로 반성해야 합니다. 속죄하는 방법은 탄핵에 동참하는 것뿐입니다. 타협하거나 협상할 일이 아닙니다. 국민의 추상 같은 명령입니다.

헌법이 유린되고 국정이 농단되는 동안 독재시재의 잔재들이 백일하에 드러났습니다. 박근혜 대통령은 국가의 정통성을 훼손했습니다. 피와 땀으로 이루어낸 민주주의를 무너뜨렸습니다.

주권을 지키고 민주주의를 지키기 위해 국민들이 추위를 마다않고 거리로 나오고 있습니다. 정권의 퇴진을 넘어 대한민국의 대 개조를 외치고 있습니다. 구 악의 대 청산을 위한 위대한 도정이 시작되었습니다. 정치의 책임이 막중합니다. 국민의 명령을 한치의 오차 없이 실천해야 합니다.

2016년 11월 12일 제3차 촛불집회

　　우리는 지금 위대한 시민혁명에 나서고 있습니다. 세계가

이 명예로운 혁명을 주목하고 있습니다. 이는 위대한 민주항

쟁의 역사를 계승하는 것이기도 합니다.

　　그러나 4.19 혁명과 6월 항쟁의 뼈아픈 교훈을 잊어서는

안 됩니다.

정치가 실패하면 시민 혁명도 결국 유한으로 끝날 것입니다. 국민을 믿고 추후의 흔들림 없이 나아가야 합니다. 그 핵심은 대통령을 탄핵하는 일입니다. 그것이 촛불민심을 받들어 시민명예 혁명을 승리로 이끄는 길입니다.

지금 이 순간 우리의 앞길을 막아서는 장애물이 있습니다. 시야를 흐리는 안개가 있습니다. 정계 개편이 그렇고 개헌 논의가 그렇고 4월 퇴진론이 그렇습니다. 모두 우리의 발목을 잡으려는 낡은 정치의 발버둥입니다.

국민의 뜻을 왜곡하여 다시 권력을 잡으려는 기회주의 정략입니다. 즉각 중단되어야 합니다. 끝까지 촛불민심을 외면하며 흐름을 거스른다면 국민적 분노 앞에서 엄중한 심판을 면치 못할 겁니다.

온 국민의 뜻이 대통령의 즉각 퇴진으로 모아져 있는데도 국회가 대통령을 탄핵하지 못한다면 국민을 대표하는 대외기구로서 자격이 없습니다. 촛불이 국회로 향하게 될 것입니다.

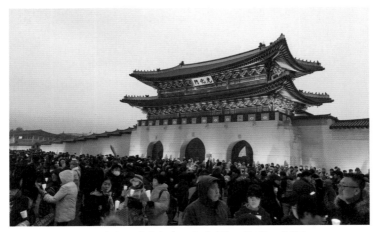

2016년 11월 26일 광화문 앞에서 박근혜 퇴진을 요구하는 시민들

역사에 두고두고 남기게 될 것입니다. 저는 탄핵을 무산시키려는 어떤 시도에도 단호히 맞설 것입니다.

　우리당 의원들께도 간곡히 호소합니다. 필생즉사 필사즉생의 다짐으로 나아가서 모든 기득권을 버릴 수 있다는 다짐으로 탄핵에 나서주시길 바랍니다.

　국민 여러분께 부탁드립니다. 탄핵을 발의하고 가결시키는데 힘이 부족할 수 있습니다. 야권의 힘만으로는 어려울 수도 있습니다. 저희가 기댈 곳은 오로지 국민뿐입니다. 더 많은 촛불을 들어 힘을 모아주십시오. 12월 3일 전국적으로 더 많은 촛불을 밝혀주십시오

빛이 어둠을 이기고 정의가 불의를 이깁니다. 국민이 권력을 이깁니다. 저는 끝까지 국민들과 함께 하겠습니다.

감사합니다.

박근혜 대통령 탄핵

　박근혜 대통령 탄핵은 최순실 게이트, 비선실세 의혹, 대기업 뇌물 의혹 등 헌법에 위배되는 범죄 의혹으로 인해 2016년 12월 9일, 대한민국 국회에서 더불어민주당, 국민의당, 정의당과 무소속 의원들이 대통령 탄핵 소추를 발의해 가결된 것이다. 이는 대한민국 헌정 사상 노무현 대통령 탄핵 소추(2004년 3월 12일)에 이어 두 번째로 국회가 현직 대통령에 대한 탄핵 소추를 발의한 것이다.

　국민들은 그리고 2017년 3월 10일, 헌법재판소는 재판관 전원일치로 대통령직에서 파면했다. 이는 대한민국 헌정 사상 처음으로 탄핵으로 대통령직에서 파면된 사건이다. 10월 박근혜 대통령의 국정농단이 밝혀진 후 첫 촛불 집회가 열리면서 탄핵 선고가 내려지기까지 총 19회의 촛불집회가 있었고 집회에 참여한 누적 인원은 1,500만여 명으로 기록 되고 있다.

  12월 9일 탄핵 소취가 가결된 후 90여 일 만의 일이었다. 사
건번호는 2016헌나1이다.

  탄핵 재판의 중요 내용을 요약하면 다음과 같다.

헌법 위배 행위

  가. **국민주권주의**(헌법 제1조), **대의민주주의**(헌법 제67조 제1
      항), **국무회의에 관한 규정**(헌법 제88조, 제89조), **대통령
      의 헌법수호 및 헌법준수의무**(헌법 제66조 제2항, 제69조)
      조항 위배

  나. **직업공무원 제도**(헌법 제7조), **대통령의 공무원 임면권**(헌

법 제78조), **평등원칙**(헌법 제11조) **조항 위배**

다. **재산권 보장**(헌법 제23조 제1항), **직업선택의 자유**(헌법 제15조), **기본적 인권보장 의무**(헌법 제10조), **시장경제질서**(헌법 제119조 제1항), **대통령의 헌법수호 및 헌법준수의무**(헌법 제66조 2항, 제69조) **조항 위배**

라. **언론의 자유**(헌법 제21조 제1항), **직업선택의 자유** (헌법 제15조) **조항 위배**

마. **생명권 보장**(헌법 제10조) **조항 위배**

법률 위배 행위

가. 재단법인 미르, 재단법인 케이스포츠 설립 모금 관련 범죄

나. 롯데그룹 추가 출연금 관련 범죄

다. 최순실 등에 대한 특혜 제공 관련 범죄

    (1) 케이디코퍼레이션 관련 특정범죄 가중처벌 등에 관한
        법률 위반(뇌물)죄, 직권남용권리행사방해죄, 강요죄

    (2) 플레이그라운드 관련 직권남용권리행사방해죄,
        강요죄

    (3) 주식회사 포스코 관련 직권남용권리행사방해죄,
        강요죄

    (4) 주식회사 케이티 관련 직권남용권리행사방해죄,
        강요죄

    (5) 그랜드코리아레저 관련 직권남용권리행사방해죄,
        강요죄

라. 문서 유출 및 공무상 취득한 비밀 누설 관련 범죄

국정 이렇게 운영하겠습니다

취임선서

2017-05-10

존경하고 사랑하는 국민 여러분. 감사합니다. 국민 여러분의 위대한 선택에 머리 숙여 깊이 감사드립니다.

저는 오늘 대한민국 19대 대통령으로서 새로운 대한민국을 향해 첫걸음을 내딛습니다. 지금 제 두 어깨는 국민 여러분으로부터 부여받은 막중한 소명감으로 무겁고, 제 가슴은 한번도 경험하지 못한 나라를 만들겠다는 열정으로 뜨겁습니다.

국정 이렇게 운영하겠습니다

지금 제 머리는 통합과 공존의 새로운 세상을 열어갈 청사진으로 가득 차 있습니다.

우리가 만들어가려는 새로운 대한민국은 숱한 좌절과 패배에도 불구하고 우리의 선대들이 일관되게 추구했던 나라입니다. 또 많은 희생과 헌신을 감내하며 우리 젊은이들이 그토록 이루고 싶어했던 나라입니다.

그런 대한민국을 만들기 위해 저는 역사와 국민 앞에 두렵지만 겸허한 마음으로 대한민국 제19대 대통령으로서의 책임과 소명을 다할 것임을 천명합니다.

함께 선거를 치른 후보들께 감사의 말씀과 함께 심심한 위로를 전합니다. 이번 선거에서는 승자도 패자도 없습니다. 우리는 새로운 대한민국을 함께 이끌어가야 할 동반자입니다. 이제 치열했던 경쟁의 순간을 뒤로하고 함께 손을 맞잡고 앞으로 전진해야 합니다.

　존경하는 국민 여러분, 지난 몇 달 우리는 유례없는 정치적 격변기를 겪었습니다. 정치는 혼란스러웠지만 국민은 위대했습니다. 현직 대통령의 탄핵과 구속 앞에서도 국민들이 대한민국의 앞길을 열어주셨습니다. 전화위복의 기회로 승화시켜 새로운 길을 열었습니다. 우리 국민들은 좌절하지 않고 오히려 이를 전화위복의 계기로 승화시켜 마침내 오늘 새로운 세상을 열었습니다.

　대한민국의 위대함은 국민의 위대함입니다.

　그리고 이번 대통령 선거에서 우리 국민들은 또 다른 역사를 만들어주셨습니다. 전국 각지에서 골고른 지지로 새로운 대통령을 만들어주셨습니다.

　오늘부터 저는 국민 모두의 대통령이 되겠습니다. 저를 지지하지 않은 국민 한 분 한 분도 저의 국민이고, 섬기겠습니다.

저는 감히 약속드립니다. 2017년 5월 10일, 이날은 진정한 국민 통합이 시작되는 날로 역사에 기록될 것입니다.

존경하고 사랑하는 국민 여러분,

힘들었던 지난 세월 국민들은 이게 나라냐고 물었습니다. 대통령 문재인은 바로 그 질문에서 새로 시작하겠습니다. 오늘부터 나라를 나라답게 만드는 대통령이 되겠습니다.

구시대의 잘못된 관행과 과감히 결별하겠습니다. 대통령부터 새로워지겠습니다.

우선 권위적 대통령 문화를 청산하겠습니다. 준비를 마치는 대로 지금의 청와대에서 나와 광화문 대통령 시대를 열겠습니다. 참모들과 머리와 어깨를 맞대고 토론하겠습니다. 국민과 수시로 소통하는 대통령이 되겠습니다. 주요 사안은 대통령이 직접 언론에 브리핑하겠습니다.

퇴근길에는 시장에 들러 마주치는 시민들과 격의 없는 대화를 나누겠습니다. 때로는 광화문 광장에서 대토론회를 열겠습니다.

대통령의 제왕적 권력을 최대한 나누겠습니다. 권력기관은 정치로부터 완전히 독립시키겠습니다. 그 어떤 권력기관도 무소불위 권력행사를 하지 못하게 견제장치를 만들겠습니다.

낮은 자세로 일하겠습니다. 국민과 눈높이를 맞추는 대통령이 되겠습니다.

안보위기도 서둘러 해결하겠습니다. 한반도 평화를 위해 동분서주하겠습니다. 필요하면 곧바로 워싱턴으로 날아가겠습니다. 베이징과 도쿄에도 가고. 여건이 조성되면 평양에도 가겠습니다.

한반도 평화정착을 위해서라면 제가 할 수 있는 모든 일을 다하겠습니다. 한미동맹은 더욱 강화하겠습니다. 한편으로 사드문제 해결을 위해 미국 및 중국과 진지하게 협상하겠습니다.

튼튼한 안보는 막강한 국방력에서 비롯됩니다. 자주국방력 강화를 위해 노력하겠습니다.

북핵 문제를 해결할 토대도 마련하겠습니다. 동북아 평화구조를 정착시켜 한반도 긴장완화의 전기를 마련하겠습니다.

분열과 갈등의 정치도 바꾸겠습니다. 보수와 진보의 갈등은 끝나야 합니다. 대통령이 나서서 직접 대화하겠습니다.

야당은 국정운영의 동반자입니다. 대화를 정례화하고 수시로 만나겠습니다.

전국적으로 고르게 인사를 등용하겠습니다. 능력과 적재적

소를 인사의 대원칙으로 삼겠습니다. 저에 대한 지지 여부와 상관없이 유능한 인재를 삼고초려해 일을 맡기겠습니다.

나라 안팎으로 경제가 어렵습니다. 민생도 어렵습니다. 선거 과정에서 약속했듯이 무엇보다 먼저 일자리를 챙기겠습니다. 동시에 재벌개혁에도 앞장서겠습니다. 문재인 정부 하에서는 정경유착이란 낱말이 완전히 사라질 것입니다.

지역과 계층과 세대간 갈등을 해소하고 비정규직 문제도 해결의 길을 모색하겠습니다. 차별 없는 세상을 만들겠습니다.

거듭 말씀드립니다. 문재인과 더불어민주당 정부에서 기회는 평등할 것입니다. 과정은 공정할 것입니다. 결과는 정의로울 것입니다.

존경하는 국민 여러분,

이번 대통령선거는 전임 대통령의 탄핵으로 치러졌습니다. 불행한 대통령의 역사가 계속되고 있습니다. 이번 선거를 계기로 이 불행한 역사는 종식돼야 합니다.

저는 대한민국 대통령의 새로운 모범이 되겠습니다. 국민과 역사가 평가하는 성공한 대통령이 되기 위해 최선을 다하겠습니다. 그래서 지지와 성원에 보답하겠습니다.

깨끗한 대통령이 되겠습니다. 빈손으로 취임하고 빈손으로 퇴임하는 대통령이 되겠습니다. 훗날 고향으로 돌아가 평범한 시민이 되어 이웃과 정을 나눌 수 있는 대통령이 되겠습니다. 국민 여러분의 자랑으로 남겠습니다.

약속을 지키는 솔직한 대통령이 되겠습니다. 선거 과정에서 제가 했던 약속들을 꼼꼼하게 챙기겠습니다. 대통령부터 신뢰받는 정치를 솔선수범해야 진정한 정치발전이 가능할 것입니다.

불가능한 일을 하겠다고 큰소리치지 않겠습니다. 잘못한 일은 잘못했다고 말씀드리겠습니다. 거짓으로 불리한 여론을 덮지 않겠습니다. 공정한 대통령이 되겠습니다.

특권과 반칙이 없는 세상을 만들겠습니다. 상식대로 해야 이득을 보는 세상을 만들겠습니다.

이웃의 아픔을 외면하지 않겠습니다. 소외된 국민이 없도록 노심초사하는 마음으로 항상 살피겠습니다.

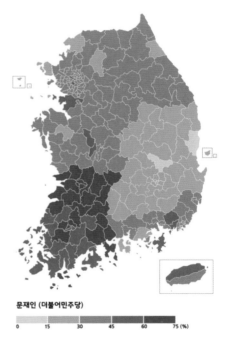

문재인 (더불어민주당)

0   15   30   45   60   75 (%)

2017년 제19대 대통령 선거 문재인 후보의 득표율(0~75%)

국민들의 서러운 눈물을 닦아드리는 대통령이 되겠습니다. 소통하는 대통령이 되겠습니다. 낮은 사람, 겸손한 권력이 돼 가장 강력한 나라를 만들겠습니다. 군림하고 통치하는 대통령이 아니라 대화하고 소통하는 대통령이 되겠습니다.

광화문 시대 대통령이 되어 국민과 가까운 곳에 있겠습니다. 따뜻한 대통령, 친구 같은 대통령으로 남겠습니다.

사랑하고 존경하는 국민 여러분,

2017년 5월10일 오늘 대한민국이 다시 시작합니다. 나라를 나라답게 만드는 대역사가 시작됩니다. 이 길에 함께해주십시오. 저의 신명을 바쳐 일하겠습니다.

감사합니다.

문재인 대통령 후보 10대 공약

공약순위1 : **일자리를 책임지는 대한민국**(노동)

일자리 확대, 국민께 드리는 최고의 선물입니다

▶ 목표

- 삶의 질을 향상시키는 공공·사회 서비스 일자리 창출

- 혁신적 4차 산업 경제 생태계 구축으로 좋은 일자리 창출

- 스타트업·벤처 창업하기 좋은 기업 생태 환경 조성

- 노동시간 단축으로 일·삶·가정 양립 및 일자리 창출

▶ 이행방법

① 공공부문을 중심으로 일자리 81만 개 창출

② 대통령 직속 「4차산업혁명위원회」를 설치하고, Smart KOREA 구현을 위한 민·관 협업체계 구축 등으로 4차 산업혁명 선도

③ 신생기업의 열기가 가득한 창업국가 조성

④ 실노동 시간 단축 통한 일자리 나누기

⑤ 비정규직 격차 해소로 질 나쁜 일자리를 좋은 일자리로 전환

⑥ 최저임금 1만 원 인상(2020년까지, 기업·자영업자 지원 대
   책 병행 마련)

공약순위 2 : 국민이 주인인 대한민국(정치)

정치 권력과 권력기관 개혁, 더 이상 미룰 수 없습니다

▶ 목표

- 지난 이명박·박근혜 정권 9년 적폐청산에 대한 국민주권
  명령의 이행

- 권력기관의 권력 분립·견제·균형 재조정을 통한 실질적
  민주주의의 구현

- 권력 핵심인 「대통령권력」을 국민에게 이양

▶ 이행방법

① 대통령의 특권을 국민께 반납

② 고위공직자 비리수사 처신설 및 검경수사권 조정 등 검찰 개혁

③ 경찰에 대한 민주적 통제강화 및 지방분권에 따라 광역단위 자치경찰제 추진

④ 국가정보원을 해외안보 정보원으로 전면 개편

⑤ 감사원 독립성 강화

공약순위 3 : 공정하고 정의로운 대한민국(정치)

반부패·재벌 개혁, 대한민국이 선진국이 됩니다

▶ 목표

- 특권과 특혜 철폐로 공정하고 정의로운 정치 · 사회 환경 조성
- 재벌 자본주의 사회를 혁파하여 포용적 자본주의 사회로 이행
- 부패 청산을 통해 OECD 선진국 수준으로 국가경쟁력 제고

▶ 이행방법

① 박근혜 · 최순실 국정농단 청산을 위한 가칭「적폐청산특별조사위원회」설치와 부정축재 재산에 대한 몰수 추진

② 재벌의 불법 경영승계, 황제경영, 부당 특혜근절 등 재벌 개혁 추진

③ 문어발 재벌의 경제력 집중 방지

④ 반부패 개혁으로 병역 면탈, 부동산 투기, 세금 탈루, 위장 전입, 논문 표절 등 5대비리 관련자는 고위공직에서 원천 배제 추진

⑤ 입시 · 학사 비리 연루된 대학은 각종 지원 배제 · 중단으로 투명한 대학 입시환경 마련

⑥ 「국가청렴위원회」 설치 등 반부패개혁 위한 제도적 장치 보완

공약순위 4 : 강하고 평화로운 대한민국(통일외교통상, 국방)

민주주의와 평화를 선도하는 책임 있는 강국을 만들겠습니다

▶ 목표

• 유능한 안보, 강한 대한민국

- 비핵화와 더불어 평화로운 한반도 구현

- 당당한 협력외교로 국익 증진

※ ① 책임, ② 협력, ③ 평화, ④ 민주 4대 원칙 견지

▶ 이행방법

① 북핵 대응 자주국방력 조기 구축과 장병 복무 여건 개선

② 한반도 비핵화 및 평화 체제 구축

③ 안전한 대한민국, 국가위기 및 안전관리 체계 재정립

④ 한반도 주변 4강 협력외교와 동북아 플러스 책임공동체 형성

⑤ 남북관계 재정립과 북한 변화

공약순위 5: **청년의 꿈을 지켜주는 대한민국**(재정경제)

청년에게 힘이 되는 나라, 청년으로 다시 서는 나라를 만들

겠습니다

▶ 목표

- 「청년에게 힘이 되는 나라, 청년으로 다시 서는 나라」 건설
- 청년들에게 사회참여 기회제공을 통한 사회 불평등개선
- 청년 일자리 확대를 위한 취업환경 개선
- 청년에게 힘이 되는 주거비용 부담 완화

▶ 이행방법

① 청년고용할당제 확대

② 청년구직 촉진수당 도입

③ 청년·신혼부부 집 걱정·임대료 걱정 해결

④ 청년이 존중받는 일자리

공약순위 6 : 성 평등한 대한민국(여성)

여성에 대한 성차별, 대통령이 나서서 해결하겠습니다

▶ 목표

- 「여성이 행복한 대한민국」 건설
- 여성의 대표성 확대를 위한 성평등 환경 조성
- 일ㆍ생활 양립이 가능한 성차별적 사회관습 철폐
- 폭력 없는 사회, 모두가 안전한 대한민국

▶ 이행방법

① 여성정책기구 권한 강화

② 비정규직 여성차별 금지, 여성고용우수기업에 포상ㆍ조세 감면, 블라인드 채용제 도입 등 인센티브 제공으로 여성 일자리 차별 해소

③ 공기업과 준정부 기관의 여성 관리자 비율을 확대

· 직장내 승진에 있어서 여성에게 작용하는 유리천장 타파

④ 젠더 폭력 근절

공약순위 7 : 어르신이 행복한 9988 대한민국(복지)

어르신이 세운 대한민국, 대한민국이 보답하겠습니다

▶ 목표

- 「대한민국」을 만들기 위해 노력하신 어르신을 예우

- 베이비부머 세대의 안정적 노후생활 안착

- 일자리 확대를 통한 노년기 소외문제를 해결

- 고령화 사회 이행에 따른 노년의 여가 · 건강 · 복지 확대

▶ 이행방법

① 차등 없는 기초연금 30만 원 지급(어르신 70%)

· 현재월 10~20만 원 차등지급 → 30만 원 균등지급

② 노인 일자리 2배 확충 및 수당 2배 인상

③ 국민연금 · 퇴직연금을 통한 노후소득 보장강화

④ 노년 건강 증진사업 확대

· 지역사회 치매지원센터 확대 설치

· 치매 안심병원 설립

· 치매의료비 90% 건강보험적용 등 치매 국가책임제 실현

공약순위 8 : 아이 키우기 좋은 대한민국(교육)

대한민국 꿈나무 육성, 교육·육아 국가책임제가 정답입니다

▶ 목표

• 인구감소 방지를 통한 사회의 활력 제고

- 아이 키우기 좋은 사회 · 직장환경 조성
- 부모의 육아비용 부담 경감
- 국가가 교육을 완전히 책임지는 시대

▶ 이행방법

① 획기적 교육 재정투자로 유아에서 대학교까지 공교육 비

　용 국가 책임 부담

② 0세부터 초등학교 6학년생 자녀의 돌봄 부담 해소

③ 교실 혁명을 통한 사교육 경감

④ 육아휴직 확대

⑤ 유연근무(ʼ10 to 4 더불어돌봄제도ʼ) 도입

⑥ 아동수당 도입

⑦ 가족과 함께 생활하는 환경 조성

공약순위 9 : **농어민 · 자영업자 · 소상공인의 소득이 늘어나는 활기찬 대한민국**(농림해양수산, 산업자원)

골목상권·농산어촌이 살아나야, 경제가 살아납니다

▶ 목표

- 99%의 중소기업의 활력을 제고하기 위한 종합정부기구 수립
- 자영업자와 소상공인의 마음 편하게 장사할 수 있는 경제적 사회환경 조성
- 대 · 중소유통기업 상생 협력발전
- 새로운 농어업정책 패러다임 전환, 농산어민 소득증대 및 삶의 질 향상

▶ 이행방법

① 「중소기업청」을 「중소벤처기업부」로 확대 신설하여 중소
기업과 소상공인들의 권익보호 추진 등 중소 · 벤처 선순
환 생태계 구축

② 영세가맹점의 범위 확대 및 우대 수수료율 인하 등

③ 임차인 보호를 위한 임대차 보호법 개정 등

④ 대기업이 운영하는 복합쇼핑몰 등에 대해 대규모점포에
포함시켜 규제하고, 입지를 제한하여 자영업자와 소상공
인의 영업 보장

⑤ 소규모 영세자영업 지원 강화

⑥ 대통령이 직접 나서서 농어업 정책틀 획기적 전환

공약순위 10 : 안전하고 건강한 대한민국(환경)

국가가 국민의 생명과 안전을 책임지겠습니다

▶ 목표

- 깨끗하고 안전한 사회의 건설

- 자연재해와 사회적 재난으로부터 국민을 보호

- 미세먼지 배출량 감축을 통한 국민「호흡권」보장

- 탈(脫)원전 등 친환경에너지 패러다임으로 국가정책 전환

▶ 이행방법

① 청와대 중심의 재난대응 콘트롤타워 구축

② 노후 원전 폐쇄 및 신규 중단 등 원전사고 걱정 해소

③ 임기내 국내 미세먼지 배출량 30% 감축

④ 감염·질병 관리체계 획기적 강화

⑤ 재난 사건 대응체계 강화

문재인의 약속

37주년 5·18 광주민주화운동 기념식

2017-05-18

존경하는 국민 여러분!

오늘 5·18 민주화운동 37주년을 맞아, 5·18 묘역에 서니 감회가 매우 깊습니다. 37년 전 그날의 광주는 우리 현대사에서 가장 슬프고 아픈 장면이었습니다.

저는 먼저 80년 오월의 광주 시민들을 떠올립니다. 누군가의 가족이었고 이웃이었습니다. 평범한 시민이었고 학생이었습니다.

당신 원통함을 내가 아오.
　힘내소.
　　쓰러지지 마시오

그들은 인권과 자유를 억압받지 않는, 평범한 일상을 지키기 위해 목숨을 걸었습니다. 저는 대한민국 대통령으로서 광주 영령들 앞에 깊이 머리 숙여 감사드립니다.

오월 광주가 남긴 아픔과 상처를 간직한 채 오늘을 살고 계시는 유가족과 부상자 여러분께도 깊은 위로의 말씀을 전합니다.

1980년 오월 광주는 지금도 살아 있는 현실입니다.

아직도 해결되지 않은 역사입니다. 대한민국의 민주주의는 이 비극의 역사를 딛고 섰습니다. 광주의 희생이 있었기에 우리의 민주주의는 버티고, 다시 일어설 수 있었습니다. 저는 오월 광주의 정신으로 민주주의를 지켜주신 광주 시민과 전남도민 여러분께 각별한 존경의 말씀을 드립니다.

존경하는 국민 여러분!

5·18은 불의한 국가권력이 국민의 생명과 인권을 유린한

광주 민주화운동이 벌어졌던 전남도청 별관

국립 5·18 민주묘지

우리 현대사의 비극이었습니다. 하지만 이에 맞선 시민들의 항쟁이 민주주의의 이정표를 세웠습니다. 진실은 오랜 시간 은폐되고, 왜곡되고, 탄압 받았습니다.

그러나 서슬퍼런 독재의 어둠 속에서도 국민들은 광주의 불빛을 따라 한걸음씩 나아갔습니다.

광주의 진실을 알리는 일이 민주화운동이 되었습니다.

부산에서 변호사로 활동하던 저도 다르지 않았습니다. 저 자신도 5·18 때 구속된 일이 있었지만 제가 겪은 고통은 아무것도 아니었습니다. 광주의 진실은 저에게 외면할 수 없는 분노였고, 아픔을 함께 나누지 못했다는 크나큰 부채감이었습니다.

그 부채감이 민주화운동에 나설 용기를 주었습니다. 그것이 저를 오늘 이 자리에 서기까지 성장시켜준 힘이 됐습니다.

마침내 오월 광주는 지난 겨울 전국을 밝힌 위대한 촛불혁명으로 부활했습니다. 불의에 타협하지 않는 분노와 정의가

5·18 민중항쟁추모탑

그곳에 있었습니다. 나라의 주인은 국민임을 확인하는 함성이 그곳에 있었습니다. 나라를 나라답게 만들자는 치열한 열정과 하나된 마음이 그곳에 있었습니다.

저는 이 자리에서 감히 말씀드립니다. 새롭게 출범한 문재인 정부는 광주민주화운동의 연장선 위에 서 있습니다. 1987년 6월 항쟁과 국민의 정부, 참여정부의 맥을 잇고 있습니다.

저는 이 자리에서 다짐합니다. 새 정부는 5·18민주화운동과 촛불혁명의 정신을 받들어 이 땅의 민주주의를 온전히 복원할 것입니다. 광주 영령들이 마음 편히 쉬실 수 있도록 성숙한 민주주의 꽃을 피워낼 것입니다.

여전히 우리 사회의 일각에서는 오월 광주를 왜곡하고 폄훼하려는 시도가 있습니다. 용납될 수 없는 일입니다.

역사를 왜곡하고 민주주의를 부정하는 일입니다. 우리는 많은 사람들의 희생과 헌신으로 이룩된 이 땅의 민주주의의 역사에 자부심을 가져야 합니다.

국립 5·18 민주묘지

새 정부는 5·18 민주화운동의 진상을 규명하는 데 더욱 큰 노력을 기울일 것입니다. 헬기사격까지 포함하여 발포의 진상과 책임을 반드시 밝혀내겠습니다. 5·18 관련 자료의 폐기와 역사 왜곡을 막겠습니다.

전남도청 복원 문제는 광주시와 협의하고 협력하겠습니다. 완전한 진상규명은 결코 진보와 보수의 문제가 아닙니다. 상식과 정의의 문제입니다. 우리 국민 모두가 함께 가꾸어야 할 민주주의의 가치를 보존하는 일입니다.

5·18 정신을 헌법전문에 담겠다는 저의 공약도 반드시 지키겠습니다. 광주정신을 헌법으로 계승하는 진정한 민주공화국 시대를 열겠습니다.

5·18 민주화운동은 비로소 온 국민이 기억하고 배우는 자랑스러운 역사로 자리매김될 것입니다. 5·18 정신을 헌법 전문에 담아 개헌을 완료할 수 있도록 이 자리를 빌어서 국회의 협력과 국민 여러분의 동의를 정중히 요청 드립니다.

존경하는 국민 여러분!

'임을 위한 행진곡'은 단순한 노래가 아닙니다. 오월의 피와 혼이 응축된 상징입니다. 5·18 민주화운동의 정신, 그 자체입니다. '임을 위한 행진곡'을 부르는 것은 희생자의 명예를 지키고 민주주의의 역사를 기억하겠다는 것입니다.

오늘 '임을 위한 행진곡'의 제창은 그동안 상처받은 광주정신을 다시 살리는 일이 될 것입니다. 오늘의 제창으로 불필요한 논란이 끝나기를 희망합니다.

존경하는 국민 여러분!

2년 전, 진도 팽목항에 5·18의 엄마가 4.16의 엄마에게 보낸 펼침막이 있었습니다.

"당신 원통함을 내가 아오. 힘내소. 쓰러지지 마시오"

라는 내용이었습니다. 국민의 생명을 짓밟은 국가와 국민의 생명을 지키지 못한 국가를 통렬히 꾸짖는 외침이었습니다.

다시는 그런 원통함이 반복되지 않도록 하겠습니다. 국민의 생명과 사람의 존엄함을 하늘처럼 존중하겠습니다. 저는 그것이 국가의 존재가치라고 믿습니다.

저는 오늘, 오월의 죽음과 광주의 아픔을 자신의 것으로 삼으며 세상에 알리려 했던 많은 이들의 희생과 헌신도 함께 기리고 싶습니다.

1982년 광주교도소에서 광주진상규명을 위해 40일간의 단식으로 옥사한 스물아홉 살, 전남대생 박관현.

1987년 '광주사태 책임자 처벌'을 외치며 분신 사망한 스물다섯 살, 노동자 표정두.

1988년 '광주학살 진상규명'을 외치며 명동성당 교육관 4층에서 투신 사망한 스물네 살, 서울대생 조성만.

1988년 '광주는 살아 있다' 외치며 숭실대 학생회관 옥상에서 분신 사망한 스물다섯 살, 숭실대생 박래전.

수많은 젊음들이 5월 영령의 넋을 위로하며 자신을 던졌습니다. 책임자 처벌과 진상규명을 촉구하기 위해 목숨을 걸었습니다. 국가가 책임을 방기하고 있을 때, 마땅히 밝히고 기억해야 할 것들을 위해 자신을 바쳤습니다. 진실을 밝히려던 많은 언론인과 지식인들도 강제해직되고 투옥 당했습니다.

저는 오월의 영령들과 함께 이들의 희생과 헌신을 헛되이 하지 않고 더 이상 서러운 죽음과 고난이 없는 대한민국으로 나아가겠습니다. 참이 거짓을 이기는 대한민국으로 나아가겠습니다.

광주 시민들께도 부탁드립니다. 광주 정신으로 희생하며 평생을 살아온 전국의 5·18들을 함께 기억해주십시오. 이제 차별과 배제, 총칼의 상흔이 남긴 아픔을 딛고 광주가 먼저 정의로운 국민통합에 앞장서 주십시오. 광주의 아픔이 아픔으로 머무르지 않고 국민 모두의 상처와 갈등을 품어 안을 때, 광주가 내민 손은 가장 질기고 강한 희망이 될 것입니다.

　존경하는 국민 여러분!

　오월 광주의 시민들이 나눈 '주먹밥과 헌혈' 이야말로 우리
의 자존의 역사입니다. 민주주의의 참 모습입니다. 목숨이 오
가는 극한 상황에서도 절제력을 잃지 않고 민주주의를 지켜
낸 광주 정신은 그대로 촛불광장에서 부활했습니다.

　촛불은 5·18 민주화운동의 정신 위에서 국민주권시대를 열
었습니다. 국민이 대한민국의 주인임을 선언했습니다.

　문재인 정부는 국민의 뜻을 받드는 정부가 될 것임을 광주
영령들 앞에 천명합니다. 서로가 서로를 위하고 서로의 아픔
을 어루만져주는 대한민국이 새로운 대한민국입니다. 상식과
정의 앞에 손을 내미는 사람들이 많아질수록 숭고한 5·18 정
신은 현실 속에서 살아 숨쉬는 가치로 완성될 것입니다.

　다시 한 번 삼가 5·18 영령들의 명복을 빕니다.

　감사합니다.

5·18 민주화운동

5·18 광주민주화운동은 6.25 한국전쟁 다음으로 많은 사상자를 낸 비극적 사건이었다. 박정희 대통령이 암살된 후 신군부가 계엄령을 선포하고 집권하려던 야욕에 대항해 1980년 5월 전국 37개 대학에서 계엄철폐를 요구하는 시위가 벌어지면서 5·18 민주화운동은 시작되었다.

신군부 세력은 계엄령 철폐와 신군부 인사들의 퇴진, 김대중 석방 등을 요구하던 시위를 무력과 폭력으로 진압하면서 시위는 5월 18일 전남대 앞에서 분수령을 맞게 된다.

이 날의 시위는 광주역을 거치며 점차 늘어났고 공수부대원은 무차별 진압작전을 펼쳤다. 남녀노소를 가리지 않고 무차별적으로 행해진 폭력은 오히려 시민들을 단결시켰으며 학생시위는 구타와 무차별적인 폭력에 울분을 느낀 시민들의 봉기로 발전했다.

계엄군은 시위대의 거센 저항에 20일 밤 시위대를 향해 집단 발포를 했고 사상자가 발생하면서 계엄군이 실탄을 장착하자 시민들은 무장의 필요성을 느끼게 된다. 당시 택시와 버스 등도 참여하며 시가전이 벌어지고 많은 사망자와 부상자가 발생했다.

계엄군이 외곽으로 물러나자 도청간부가 참여한 수습대책위원회는 협상을 시도하지만 27일 새벽, 탱크와 헬리콥터 등이 동원된 2만 5000여 계엄군의 대대적인 무력진압으로 광주민주화운동 관련자들이 연행되면서 수많은 사상자와 함께 광주민주화운동은 막을 내렸다.

1995년 7월 18일 서울지방검찰청 · 국방부 검찰부의 발표에

의하면 그때까지 확인된 사망자는 군인 23명, 경찰 4명, 민간인 166명이었다. 그리고 부상자는 852명으로 확인되었다.

　1993년 문민정부 출범 이후 1994년 광주민주화운동 관련자들은 전두환·노태우 등 35명을 내란 및 내란목적 살인 혐의로 고소했지만 1995년 7월 18일 검찰은 '5·18 관련자들에 공소권이 없으므로 불기소 처분을 내린다'고 했다. 하지만 5·18특별법 제정 요구가 계속되자 11월 24일 김영삼 대통령은 5·18특별법 제정을 지시한다.

　12월 3일 전두환과 노태우는 구속 수감되어 1996년 내내 12·12사태 및 5·18 민주화운동, 비자금 사건 관련 공판이 진행되었다. 전두환은 제5공화국 정부가 합헌정부이므로 내란죄는 부당하다고 주장했으며, 노태우는 이 사건이 사법처리의 대

상이 되지 않는다고 주장했다.

재판부는 1997년 4월 17일, 12·12사태를 군사반란으로, 5·18광주 사태는 내란 및 내란목적의 살인행위임을 단정했다. 같은 해 12월 16일 항소심에서 전두환은 무기징역과 벌금 2205억원 노태우는 징역 15년에 벌금 2626억원 추징이 선고되었고, 1997년 4월 17일의 상고심에서 위 형량이 확정되었다.

그러나 김대중 후보가 대통령에 당선되면서 1997년 12월 22일 특별사면으로 석방되었다.

그리고 2017년 문재인 대통령이 당선된 후 새로운 사실과 비극적 사건들이 계속해 밝혀지며 새로운 국면을 맞이하는 중이다.

5·18 광주민주화운동에는 가슴 아픈 사연과 뭉클한 사건들

망월묘지공원

이 많다.

시위대와 학생들이 굶고 있다는 소식에 시장 사람들을 주축으로 자발적인 모금을 통해 주먹밥과 물을 보낸 일화를 비롯해 택시기사들의 부상자 구조에 택시기사들에게는 공짜로 주유했던 주유소와 너무 심한 상처와 수많은 부상자들에게 수혈하기 위해 모인 학생들, 술을 팔며 서럽게 번 돈으로 향을 피우고 무명옷을 지어 시체를 수습했던 술집 여자들, 목숨의 위협을 무릅쓰고 쫓기는 시위대를 숨겨준 넝마주이들, 그 기간 동안 광주에는 단 한건의 범죄도 없었다는 이야기는 특히 유명하다.

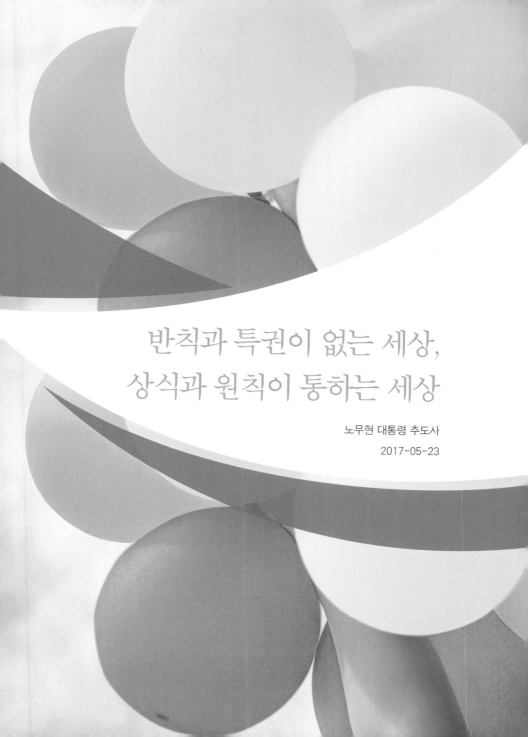

반칙과 특권이 없는 세상,
상식과 원칙이 통하는 세상

노무현 대통령 추도사

2017-05-23

8년의 세월이 흘렀는데도, 이렇게 변함없이 노무현 대통령과 함께 해주셔서, 무어라고 감사 말씀 드릴지 모르겠습니다. 제가 대선 때 했던 약속, 오늘 이 추도식에 대통령으로 참석하겠다고 한 약속을 지킬 수 있게 해주신 것에 대해서도 깊이 감사드립니다. 노무현 대통령님도 오늘만큼은, 여기 어디에선가, 우리들 가운데서, 모든 분들께 고마워하면서, "야, 기분 좋다!" 하실 것 같습니다.

문재인 대통령, 노무현 대통령 추도사

노무현 대통령
서거 8주기 추도식

KTV

경남 김해시 봉하마을 대통령묘역

동영상 더보기

반칙과 특권이 없는 세상, 상식과 원칙이 통하는 세상

애틋한 추모의 마음이 많이 가실 만큼 세월이 흘러도, 더 많은 사람들이 노무현의 이름을 부릅니다.

노무현이란 이름은 반칙과 특권이 없는 세상, 상식과 원칙이 통하는 세상의 상징이 되었습니다.

우리가 함께 아파했던 노무현의 죽음은 수많은 깨어 있는 시민들로 되살아났습니다.

그리고 끝내 세상을 바꾸는 힘이 되었습니다.

저는 요즘 국민들의 과분한 칭찬과 사랑을 받고 있습니다.

제가 뭔가 특별한 일을 해서가 아닙니다. 그냥, 정상적인 나라를 만들겠다는 노력, 정상적인 대통령이 되겠다는 마음가짐이 특별한 일처럼 되었습니다. 정상을 위한 노력이 특별한 일이 될만큼 우리 사회가 오랫동안 심각하게 비정상으로 병들어 있었다는 뜻입니다.

노무현 대통령님의 꿈도 다르지 않았습니다. 민주주의와 인권과 복지가 정상적으로 작동하는 나라, 지역주의와 이념

갈등, 차별의 비정상이 없는 나라가 그의 꿈이었습니다. 그런 나라를 만들기 위해, 대통령부터 먼저 초법적인 권력과 권위를 내려놓고, 서민들의 언어로 국민들과 소통하고자 노력했습니다.

그러나 이상은 높았고, 힘은 부족했습니다. 현실의 벽을 넘지 못했습니다. 노무현의 좌절 이후 우리 사회, 특히 우리의 정치는 더욱 비정상을 향해 거꾸로 흘러갔고, 국민의 희망과 갈수록 멀어졌습니다.

하지만 이제 그 꿈이 다시 시작됐습니다. 노무현의 꿈은 깨어 있는 시민의 힘으로 부활했습니다. 우리가 함께 꾼 꿈이 우리를 여기까지 오게 했습니다.

이제 우리는 다시 실패하지 않을 것입니다. 우리는 이명박, 박근혜 정부뿐 아니라, 김대중, 노무현 정부까지, 지난 20년 전체를 성찰하며 성공의 길로 나아갈 것입니다.

우리의 꿈을, 참여정부를 뛰어넘어 완전히 새로운 대한민국, 나라다운 나라로 확장해야 합니다. 노무현 대통령님을 지켜주지 못해 미안한 마음을 이제 가슴에 묻고, 다 함께 나라다운 나라를 만들어봅시다. 우리가 안보도, 경제도, 국정 전반에서 훨씬 유능함을 다시 한 번 보여줍시다.

저의 꿈은 국민 모두의 정부, 모든 국민의 대통령입니다. 무엇보다 중요한 것은 국민의 손을 놓지 않고 국민과 함께 가는 것입니다.

개혁도, 저 문재인의 신념이기 때문에, 또는 옳은 길이기 때문에 하는 것이 아니라, 국민과 눈을 맞추면서, 국민이 원하고 국민에게 이익이기 때문에 하는 것이라는 마음가짐으로 나가겠습니다.

국민이 앞서가면 더 속도를 내고, 국민이 늦추면 소통하면서 설득하겠습니다. 문재인 정부가 못다한 일은 다음 민주정부가 이어나갈 수 있도록 단단하게 개혁해 나가겠습니다.

노무현 전 대통령 사저

노무현 전 대통령 묘소

반칙과 특권이 없는 세상, 상식과 원칙이 통하는 세상

노무현 대통령님, 당신이 그립습니다. 보고 싶습니다. 하지만 저는 앞으로 임기동안 대통령님을 가슴에만 간직하겠습니다. 현직 대통령으로서 이 자리에 참석하는 것은 오늘이 마지막일 것입니다. 이제 당신을 온전히 국민께 돌려드립니다. 반드시 성공한 대통령이 되어 임무를 다한 다음 다시 찾아뵙겠습니다. 그때 다시 한 번, 당신이 했던 그 말, "야, 기분 좋다!" 이렇게 환한 웃음으로 반겨주십시오.

다시 한 번 참석해주신 여러분께 감사드리고, 꿋꿋하게 견뎌주신 권양숙 여사님과 유족들께도 위로 말씀을 드립니다.

감사합니다.

노무현 전 대통령

대한민국의 제16대 대통령 노무현은…

부산상고를 졸업하고 막노 동을 하다가 독학으로 공부해 1975년 4월 30세에 제17회 사 법시험에 합격했다.

대전지방법원 판사로 재직하 다가 1년이 안 되어 그만두고 부산에서 세무, 회계 전문변호사로 개업해 여유로운 삶을 누리 지만 민청학련 사건 변호사인 김광일 변호사가 1981년 부림사 건의 변호를 권유하면서 인권변호사의 길로 들어서게 되었다.

1982년에는 부산 미문화원 방화사건을 변호했고 1985년 부 산 민주시민 협의회 상임위원장을 맡게 되면서 시민운동에도

반칙과 특권이 없는 세상, 상식과 원칙이 통하는 세상

참여하게 되었다.

또한 1987년 6월 민주항쟁에 앞장섰으며, 거제도 대우조선 노동자 이석규 씨가 경찰이 쏜 최루탄에 맞아 사망하자 사인 규명작업을 하다 변호사 업무정지를 당하게 된다.

1988년에는 통일민주당 총재 김영삼의 공천을 받아 부산 동구에서 제13대 총선에 출마해 국회의원으로 당선되었다.

국회노동위원회에서 활동하며 5공화국 비리 특별조사위원이 되어 무죄를 주장하는 전두환 전 대통령에게 직설적 화법으로 질의하는 모습이 방송에 나가면서 청문회 스타가 되었다.

1990년 3당 합당을 밀실야합으로 규정하며 김영삼과 결별한다. 1995년 정계에 복귀한 김대중을 비판하기도 했던 노무현 전 대통령은 50년만의 정권 교체가 중요하다는 판단하에 새정치국민회의에 입당해 김대중 정부에서 해양수산부 장관을 지냈다.

2000년 당선 가능성이 높았던 서울시 종로구 대신 부산 북강서을에 출사표를 던졌지만 낙선하면서 네티즌들은 바보라는 별명과 함께 자발적으로 노사모를 조직한다. 이는 노무현 전 대통령의 주요한 자산이 되어 16부작 정치드라마라는 평을 듣게 된 국민경선제에서 10%도 안 되는 지지율로 시작해 광주 경선을 기점으로 노풍이 부는데 결정적 기여를 하게 된다. 그리고 새천년민주당 소속으로 제16대 대선에서 대통령으로 당선되는데 큰 도움이 되었다.

2004년 무렵 공직선거 및 선거부정방지법이 정한 중립의무 및 헌법 위반을 이유로 국회로부터 대한민국 헌정 사상 최초로

대통령직 재임 중 탄핵 소추를 당해 대통령 직무가 정지되었
다. 이후 탄핵을 주도했던 새천년민주당과 한나라당, 자유민주
연합은 여론의 역풍에 휩싸여 제17대 총선에서 참패했고 얼마
후 헌법재판소에서 소추안을 기각하며 다시 대통령 직무에 복
귀했다.

　노무현 전 대통령은 권력층에 만연해 있던 권위주의와 정경
유착을 타파하고 기존 보수 정권이 하지 못했던 각종 개혁을
시행했다.

　임기 중 경제성장률은 4.42%로 OECD 평균성장률보다 높
았으며 이는 이명박 정부의 2.9%, 박근혜 정부의 2.8%를 크
게 상회하는 것이다.

길을 봉쇄하고 있는 경찰 버스에 국화와 고 노무현 전 대통령의 유언이 적힌
신문 조각이 붙여져 있다.

덕수궁, 대한문 앞에서 열린 고 노무현 전 대통령의 추도식에서 추도객이 헌화
후에 참배하고 있다.

퇴임 후 고향 김해의 봉하마을로 귀향해 친환경 생태사업을 시작하면서 소탈하고 친근한 모습으로 지지자들과 관광객들에게 노간지라는 애칭을 얻게 되었다.

하지만 2009년 검찰은 포괄적 뇌물죄 혐의를 주장하며 노무현 전 대통령 주변을 조사하기 시작했고, 노무현 전 대통령 또한 검찰 조사를 받게 된다.

그리고 2009년 5월 23일 노무현 전 대통령은 유서를 남긴 채 세상을 떠난다.

사후 1주일 동안 400만 명의 추모객들이 봉하마을에 찾아왔고 전국에서 장례는 국민장으로 치러졌다.

1980년대 인권과 민주주의를 위해 인권 변호사로서 활동하다 정치에 입문했던 노무현 전 대통령의 정치 인생은 원칙을

굽히지 않으면서 권위주의와 지역주의 정치 타파를 위해 애쓴 노력의 연속이었다. 재임 중에는 대연정 제안과 사법 개혁 등을 통해 한국 사회의 지역주의와 권위주의를 탈피하려고 애쓴 것으로 평가되고 있다. 또한 대한민국의 역대 대통령 중 가장 민주적이고 서민적인 대통령이라는 평가를 받고 있다.

수많은 학자와 정치가들이 꼽는 노무현 전 대통령의 업적은 다양하다. 그러나 현재 많은 국민들에게 인정받는 노무현 전 대통령의 진정한 가치는 사람 사는 세상일 것이다. 진보적 가치 실현, 사회적 약자에 대한 관심 등등 노무현 정신으로 꼽히는 것들 모두 눈높이에서 사람을 대하던 바보 노무현의 삶에서 찾아볼 수 있을 것이다.

6월 항쟁이 당당하게 피운 꽃

6·10 민주항쟁 기념사

2017-06-09

존경하는 국민 여러분, 오늘, 국민 여러분과 함께 6·10 민주항쟁 30주년을 기념하기 위해 광장에 서니 정말 감회가 새롭습니다. 스물이 안 된 청년부터 일흔의 원로까지, 제주에서 서울까지, 모두가 하나가 되고, 영남과 호남이 한 목소리로 외쳤던 함성, '호헌철폐, 독재타도', 그 뜨거웠던 구호가 지금도 귀에서 생생합니다.

30년 전 6월, 우리는 위대한 국민이었습니다. 빗발치는 최

6월 항쟁이 당당하게 피운 꽃

루탄 앞에서도 꺾이지 않았던 청년학생들. 응원군에서 항쟁의 주역으로 변해간 넥타이부대. 자동차 경적을 울리고, 손수건을 흔들고, 빵을 나눠주고, 전투경찰의 가슴에 평화의 꽃을 달아주었던 시민들. 그 모두가 역사의 주인공이었습니다.

30년 전 6월, 우리는 국민이 승리하는 역사를 경험했습니다. 엄혹했던 군부독재에 맞서 불의에 대한 분노와 민주의 열망이 만들어낸 승리였습니다. 국민은 시대의 흐름을 독재에서 민주로 바꿔냈습니다.

대통령을 내 손으로 뽑을 권리, 국민이 정부를 선택할 권리를 되찾았습니다. 바위에 계란치기 같았던 저항들이 끝내 거대한 흐름을 만들어낸, 너무도 위대하고 감격스러운 역사였습니다.

대통령 직선제만이 아니었습니다. 6월 항쟁은 우리 사회에 광장을 열었습니다. 보도지침이 폐지되고, 언론과 시민은 말할 자유를 찾았습니다. 다양한 시민사회운동 조직이 생겼고,

억압되고 폐쇄되었던 민주주의의 공간을 확대했습니다. 민주주의가 아니었다면, 눈부신 경제발전도, 사회 각 분야의 다양성도, 문화와 예술도 꽃피지 못했을 것입니다.

지난 30년, 우리 사회가 이뤄온 모든 발전과 진보는 6월 항쟁에서 비롯되었습니다. 문재인 정부는 우리 국민들이 이룬 그 모든 성취를 바탕으로 출범했습니다. 그런 까닭에 저는 오늘, 6월 항쟁의 주역인 국민과 함께 30주년을 기념하게 된 것을 매우 뜻깊고 영광스럽게 생각합니다.

문재인 정부는 6월 항쟁의 정신 위에 서 있습니다. 임기 내내 저 문재인은 대통령이라는 직책을 가진 국민의 한 사람임을 명심하겠습니다.

역사를 바꾼 두 청년, 부산의 아들 박종철과 광주의 아들 이한열을 영원히 기억하겠습니다.

항쟁을 이끌어주신 지도부, 87년 뜨거운 함성 속에서 함께 눈물 흘리고, 함께 환호했던 모든 분들께 감사와 존경의 인사를 드립니다.

존경하는 국민 여러분, 저는 오늘, 세계가 경탄하는 우리의 민주주의가 우리 국민 스스로 만들어낸 것이라는 사실이 무엇보다 자랑스럽습니다. 우리나라 민주주의의 시작은 해방과 함께 바깥으로부터 주어졌습니다.

그러나 오늘 우리의 민주주의를 이만큼 키운 것은 국민들이었습니다. 그 길에 4.19가 있었고, 부마항쟁이 있었고, 5·18이 있었고, 6월 항쟁이 있었습니다. 그리고 그 길은 지난 겨울 촛불혁명으로 이어졌습니다.

촛불은 한 세대에 걸쳐 성장한 6월 항쟁이 당당하게 피운 꽃이었습니다. 우리는 6월 항쟁을 통해 주권자 국민의 힘을 배웠습니다. 촛불혁명을 통해 민주공화국을 실천적으로 경험했습니다. 6월의 시민은 독재를 무너뜨렸고 촛불시민은 민주사회가 나아갈 방향과 의제를 제시했습니다. 촛불은 미완의

박종철 열사를 고문했던 당시 고문실 복원 모습

6월 항쟁을 완성시키라는 국민의 명령이었습니다.

　존경하는 국민 여러분, 우리 앞의 과제는 다시 민주주의입니다. '더 넓고, 더 깊고, 더 단단한 민주주의'를 만들어가야 합니다. 6월 항쟁으로 성취한 민주주의가 모든 국민의 삶에 뿌리내리도록 해야 합니다. 민주주의가 구체적인 삶의 변화로 이어질 때, 6월 항쟁은 살아 있는 현재이고 미래입니다.

　민주주의는 제도이고, 실질적인 내용이며, 삶의 방식입니다. 저는 이 자리에서 약속드리고 제안합니다. 제도로서의 민주주의가 흔들리고 후퇴하는 일은 이제 없습니다. 문재인 정부에서 민주주의는 발전하고 인권은 확대될 것입니다.

　모든 권력은 국민에게 있습니다. 헌법, 선거제도, 청와대, 검찰, 국정원, 방송, 국민이 위임한 권한을 운용하는 제도도 마찬가지입니다.

　권력기관이 국민의 의사와 의지를 감시하고 왜곡하고 억압하지 않도록 만들겠습니다. 이제 우리의 새로운 도전은 경제에서의 민주주의입니다. 민주주의가 밥이고, 밥이 민주주의가 되어야 합니다. 소득과 부의 극심한 불평등이 우리의 민주주의를 위협하고 있습니다.

일자리 위기가 근본 원인입니다. 제가 일자리대통령이 되겠다고 거듭거듭 말씀드리는 것은 극심한 경제적 불평등 속에서 민주주의는 형식에 지나지 않기 때문입니다. 일자리는 경제의 문제일 뿐 아니라 민주주의의 문제입니다. 그러나 정부의 의지만으로는 어렵습니다. 우리 사회가 함께 경제민주주의를 위한 새로운 기준을 세워야 합니다.

양보와 타협, 연대와 배려, 포용하는 민주주의로 가야 합니다. 대기업과 중소기업, 노동자, 시민사회 모두가 힘을 모아야 합니다. 6월 항쟁 30주년을 디딤돌 삼아 우리가 도약할 미래는 조금씩 양보하고, 짐을 나누고, 격차를 줄여가는 사회적 대타협에 있다고 저는 확신합니다. 결코 쉽지 않은 일이지만 반드시 해내야 할 과제입니다. 대통령과 정부가 할 수 있는 모든 노력을 다하겠습니다.

진정한 노사정 대타협을 위해 모든 경제 주체의 참여를 당부 드립니다. 누구나 성실하게 8시간 일하면 먹고사는 것 걱정 없어야 합니다. 실패했더라도 다시 기회를 가져야 합니다. 그렇게 함께 사회경제적 불평등을 해소해가는 것이 민주주의입니다. 정치권에서도 함께 힘을 모아주실 것을 부탁드립니다.

존경하는 국민 여러분, 한 가지, 꼭 함께 기억하고 싶은 것이 있습니다. 6월 항쟁의 중심은 특정 계층, 특정 지역이 아니었습니다. 사제, 목사, 스님, 여성, 민주정치인, 노동자, 농민, 도시빈민, 문인, 교육자, 법조인, 문화예술인, 언론출판인, 청년, 학생, 그 모두가 '민주헌법쟁취 국민운동본부'로 모였습니다. 전국 22개 지역에서 동시에 열린 6·10 국민대회가 6

월 26일, 전국 34개 도시와 270여 곳에서 동시에 열린 '민주헌법 쟁취를 위한 국민평화대행진'으로 확대되었습니다. 이처럼 6월 항쟁에는 계층도 없었고, 변방도 없었습니다. 그래서 우리는 승리했습니다.

저도 부산에서 6월 항쟁에 참여하며, 민주주의는 물처럼 흐를 때 가장 강력하다는 것을 배웠습니다. 독재에 맞섰던 87년의 청년이 2017년의 아버지가 되어 광장을 지키고, 도시락을 건넸던 87년의 여고생이 2017년 두 아이의 엄마가 되어 촛불을 든 것처럼, 사람에서 사람으로 이어지는 민주주의는 흔들리지 않습니다.

정치와 일상이, 직장과 가정이 민주주의로 이어질 때 우리의 삶은 흔들리지 않습니다. 그렇게 우리의 삶, 우리 사회의 민주주의 역량이 더 성숙해질 수 있도록 함께 노력해갑시다.

관행과 제도와 문화를 바꿔나갈 일은 그것대로 정부가 노력하겠습니다. 우리 주변에 일상화되어 있는 비민주적인 요

소들은 우리 모두 서로 도와가며 바꿔나갑시다. 개개인이 깨어 있는 민주시민이 되기 위한 노력은 그것대로 같이 해나갑시다.

민주주의가 정치, 사회, 경제의 제도로서 정착하고 우리 한 사람 한 사람이 일상에서 민주주의로 훈련될 때, 민주주의는 그 어떤 폭풍 앞에서도 꺾이지 않을 것입니다. 6월 항쟁의 이름으로 민주주의는 영원하고, 광장 또한 국민들에게 항상 열려 있을 것입니다.

감사합니다.

6·10 민주항쟁

　6월 항쟁_{六月抗爭}은 1987년 6월 10일부터 6월 29일까지 대한민국에서 전국적으로 벌어진 반독재, 민주화운동이다.

　4·13 호헌 조치와, 잔혹한 폭행과 전기고문, 물고문 등을 받다가 사망한 박종철 고문치사 사건 그리고 시위 도중 최루탄에 맞아 이한열 열사가 사망한 사건 등이 도화선이 되어 6월 10일 이후 전국적인 시위가 발생했다. 이에 6월 29일 노태우 전 대통령은 수습안으로 대통령 직선제로

대한민국역사박물관에 전시된 1987년 6월 26일 국민평화대행진 전단

6월 항쟁이 당당하게 피운 꽃

의 개헌을 선언하고 1987년 12월 16일 새 헌법에 따른 대통령 선거가 치러졌다.

6월 항쟁은 대한민국의 민주화에 큰 영향을 주었으며, 사회운동이 나아갈 방향과 발전 효과를 가져왔다.

1979년 10·26 사건으로 17년간 독재정치를 펼치던 제4공화국의 대통령 박정희의 사망 후, 새로 취임한 대통령 최규하는 국민들의 민주화 요구를 수용하겠다고 밝히지만(서울의 봄) 1979년 12월 12일 전두환 등을 비롯한 신군부(하나회)가 군사반란을 일으켜 군부 내 실권을 장악했다. 이후 전두환은 집권하기 위한 시나리오를 실행했고 이에 항의하는 대학생들의 시위가 1980년 들불처럼 일어났다. 그중에서도 1980년 5월 18일부터 5월 27일까지 광주 시민들의 민주화운동을 폭도들의 난동으로 규정하고 유혈 진압한 신군부와 전두환은 장충체육관에서 통일주체국민회의의 주도로 대통령으로 추대된다.

그후 철저하게 폭도들의 난동으로 규정되어 은폐되었던 5·18 광주민주화운동은 의식 있는 시민과 학생들을 통해 알려져나갔고 6월 민주항쟁에도 영향을 미치게 된다.

1987년 6월 10일 대한성공회 서울교구 서울주교좌대성당에서 '박종철군 고문치사 조작, 은폐 규탄 및 호헌철폐 국민대회'를 개최한 '민주헌법쟁취국민운동본부'는 시민들에게 오후 6시를 기해 전두환 독재정권에 대한 민중항쟁의 뜻으로 차를 세우고 경적을 울리거나 흰 손수건을 흔들어달라는 요청을 한다. 이에 택시와 버스 등이 경적을 울리고 흰 손수건을 흔드는 시민들이 줄을 이으면서 6·10 항쟁은 시작되었다.

명동성당 농성 당시 성당 옆 계성여고 등을 비롯해 많은 여고에서 도시락과 물 등을 적극지원하며 시위대를 지지했고, 법질서 파괴와 유린을 단호하게 처단하겠다는 치안본부장과 정부의 강력대응 방침에도 불구하고 시위 규모는 갈수록 커져가 전국 37개 도시에서 국민평화대행진 시위가 전개되었다. 당시 3,467명이 경찰에 연행되었고 6만 명의 경찰 병력이 배치되었지만, 6·10 민주항쟁의 3배가 넘는 시민들이 국민평화대행진에 참여해 말기에는 역부족이었다.

전국의 파출소 29곳, 경찰서 2곳, 민정당사 4곳이 불탔다. 회사원들, 넥타이 부대들의 시위 참여로 6월 항쟁은 학생 항쟁에서 시민 항쟁으로 변화했으며 6.11에는 100만 명이 참여했다. 전국 동시다발로 진행된 6월 항쟁은 민정당 대선 후보였던

6월 9일 낮 고 이한열 군의 운구 행렬을 따라 서울시청 앞까지 추모행진을
벌인 수십만 명의 학생, 시민들이 낮 1시경부터 시청 앞 광장에서 대중 집
회를 가졌다.

노태우가 김대중 사면복권 및 구속자 석방, 사면, 감형 등을 비롯 야당과 재야 세력이 주장해온 헌법 개헌 등 한국의 민주화를 위한 요구를 대폭 수용하는 8개항의 시국수습방안을 수용하면서 끝이 난다.

그 내용은 다음과 같다.

1. 여, 야 합의하에 조속히 대통령 직선제 개헌을 하고 새 헌법에 의한 대통령 선거를 통해서 1988년 2월 평화적인 정부이양을 실행하도록 한다.
2. 직선제 개헌이라는 제도의 변경뿐만 아니라 이의 민주적 실천을 위하여 자유로운 출마와 공정한 경쟁이 보장되어 국민의 올바른 심판을 받을 수 있는 내용으로 대통령 선거

법을 개정하여야 한다.

3. 정치권은 물론 모든 분야에 있어서의 반목과 대결이 과감히 제거가 되어 국민적 화해와 대단결을 도모하여야 한다.

4. 인간의 존엄성은 더욱 존중되어야 하며, 국민 개개인의 기본적 인권은 최대한 신장되어야 한다.

5. 언론자유의 창달을 위해서 관련제도와 관행을 획기적으로 개선해야 한다.

6. 사회 각 부분의 자치와 자율은 최대한 보장되어야 한다.

7. 정당의 건전한 활동이 보장되는 가운데 대화와 타협의 정치풍토가 조속히 마련되어야 한다.

8. 밝고 맑은 사회건설을 위하여 과감한 사회 정화 조치를 강구해야 한다.

노태우 민주정의당 대표의 6 · 29 수습 선언 이후 제6공화국 새 헌법 개정을 위한 국민투표를 거쳐 1987년 10월, 대통령 직선제 개헌이 이루어졌다.

노태우 정권의 출범으로 군사 독재 정치가 완전히 끝났다고 보기는 어렵지만 6월 항쟁은 정치 · 사회 · 문화적으로 민주주의의 이념과 제도가 뿌리내리는 결정적 계기가 되었다.

자유와 인권을 향한
빅토리 호의 항해

장진호 전투 기념비 헌화 기념사

2017-06-28

존경하는 로버트 넬러 해병대 사령관님, 옴스테
드 장군님을 비롯한 장진호 전투 참전용사 여러분, 흥남 철수
작전 관계자와 유족 여러분, 특히 피난민 철수에 결정적인 역
할을 하신 알몬드 장군님과 현봉학 박사님의 가족분들 모두
반갑습니다. 장진호 전투 기념비 앞에서 여러분을 뵙게 되니
감회가 깊습니다. 꼭 한번 와보고 싶었던 곳에 드디어 왔습니
다. 오늘 대한민국 대통령으로서 첫 해외순방의 첫 일정을 이

자유와 인권을 향한 빅토리 호의 항해

곳에서 시작하게 돼 더욱 뜻이 깊습니다.

67년 전인 1950년, 미 해병들은 '알지도 못하는 나라, 만난 적도 없는 사람들'을 위해 숭고한 희생을 치렀습니다. 그들이 한국전쟁에서 치렀던 가장 영웅적인 전투가 장진호 전투였습니다.

장진호 용사들의 놀라운 투혼 덕분에 10만여 명의 피난민을 구출한 흥남 철수 작전도 성공할 수 있었습니다. 그때 메러디스 빅토리 호에 오른 피난민 중에 저의 부모님도 계셨습니다. '피난민을 구출하라'는 알몬드 장군의 명령을 받은 故 라루 선장은 단 한 명의 피난민이라도 더 태우기 위해 무기와 짐을 바다에 버렸습니다.

무려 14,000명을 태우고 기뢰로 가득한 '죽음의 바다'를 건넌 자유와 인권의 항해는 단 한 명의 사망자 없이 완벽하게 성공했습니다.

1950년 12월 23일 흥남부두를 떠나 12월 25일 남쪽 바다

장진호 전투 당시를 기록한 사진들

자유와 인권을 향한 빅토리 호의 항해

거제도에 도착할 때까지 배 안에서 5명의 아기가 태어나기도 했습니다. 크리스마스의 기적! 인류 역사상 최대의 인도주의 작전이었습니다.

2년 후, 저는 빅토리 호가 내려준 거제도에서 태어났습니다.

장진호의 용사들이 없었다면, 흥남 철수작전의 성공이 없었다면, 제 삶은 시작되지 못했을 것이고, 오늘의 저도 없었을 것입니다. 그러니 여러분의 희생과 헌신에 대한 고마움을 세상 그 어떤 말로 표현할 수 있겠습니까? 존경과 감사라는 말로는 너무나 부족한 것 같습니다.

저의 가족사와 개인사를 넘어서서, 저는 그 급박한 순간에 군인들만 철수하지 않고 그 많은 피난민들을 북한에서 탈출시켜준 미군의 인류애에 깊은 감동을 느낍니다. 장진호 전투와 흥남 철수작전이 세계전쟁 사상 가장 위대한 승리인 이유입니다.

장진호 전투 당시를 기록한 사진과 기념물들을 전시하고 있다.

제 어머니의 말씀에 의하면, 항해 도중 12월 24일, 미군들이 피난민들에게 크리스마스 선물이라며 사탕을 한 알씩 나눠줬다고 합니다. 알려지지 않은 이야기입니다. 비록 사탕 한 알이지만 그 참혹한 전쟁통에 그 많은 피난민들에게 크리스마스 선물을 나눠준 따뜻한 마음씨가 저는 늘 고마웠습니다.

존경하는 장진호 용사와 후손 여러분!

대한민국은 여러분과 부모님의 희생과 헌신을 기억하고 있습니다. 감사와 존경의 기억은 영원히 계속될 것입니다. 한미동맹은 그렇게 전쟁의 포화 속에서 피로 맺어졌습니다. 몇 장의 종이 위에 서명으로 맺어진 약속이 아닙니다. 또한 한미동맹은 저의 삶이 그런 것처럼 양국 국민 한 사람 한 사람의 삶과 강하게 연결되어 있습니다. 그렇기 때문에 저는 한미동맹의 미래를 의심하지 않습니다. 한미동맹은 더 위대하고 더 강한 동맹으로 발전할 것입니다.

KOREA—1950

CHOSIN
RESERVOIR
November-December, 1950

장진호 전투 기념비

존경하는 장진호 용사와 후손 여러분!

67년 전, 자유와 인권을 향한 빅토리 호의 항해는 앞으로도 계속되어야 합니다. 저 또한 기꺼이 그 길에 동참할 것입니다. 트럼프 대통령과 굳게 손잡고 가겠습니다. 위대한 한미동맹의 토대 위에서 북핵 폐기와 한반도 평화, 나아가 동북아 평화를 함께 만들어 가겠습니다.

이 자리에 함께하고 계십니다만, 메러디스 빅토리 호의 선원이었던 로버트 러니 변호사님의 인터뷰를 봤습니다. '죽기 전에 통일된 한반도를 꼭 보고 싶다'는 말씀에 가슴이 뜨거워졌습니다. 그것은 저의 꿈이기도 합니다.

오늘 저는 이곳에 한 그루 산사나무를 심습니다. 산사나무는 별칭이 윈터 킹^{Winter King}입니다. 영하 40도의 혹한 속에서 영웅적인 투혼을 발휘한 장진호 전투를 영원히 기억하기 위해서입니다. 이 나무처럼 한미동맹은 더욱 더 풍성한 나무로 성장할 것입니다. 통일된 한반도라는 크고 알찬 결실을 맺을

산사나무

것입니다. 이제 생존해 계신 분이 50여 분뿐이라고 들었습니다.

오래도록 건강하고 행복하십시오. 다시 한 번 장진호 참전 용사와 흥남 철수 관계자, 그리고 유족 여러분께 감사와 존경의 인사를 드립니다.

감사합니다.

장진호 전투

  장진호 전투는 한국전쟁 당시 미국의 뉴스위크지가 '진주만 피습 이후 미군 역사상 최악의 패전'이라고 혹평할 정도로 참혹한 전투였다.

  극소수만이 살아 남아 'The Chosen Few(선택 받은 소수)'라고 불릴 정도로 고전했던 장진호 전투는 당시 미 해병1사단과 미 육군7사단 일부 병력으로 그들의 10배에 달하는 12만의 중공군 남하를 지연시켰다. 혹독한 추위 속에서 치러진 이 전투는 모든 악조건 속에서 극히 일부만이 살아 남아 흥남으로 후퇴한 뒤 193척의 군함으로 12만여 명의 군인과 10만여 명의 민간인을 남쪽으로 탈출시킨 흥남철수 작전(1.4 후퇴의 시작이었다)으로 이어졌다.

장진호 전투 기념비 헌화 기념사

중공군의 공세에 맞서며 14~24일까지 이루어진 흥남 철수 작전에서 당시 김백일 1군단장과 10(X) 군단 소속의 민간인 고문관 현봉학은 에드워드 알몬드 10군단장을 설득해서 피난민까지 철수시키는 데 성공했다.

　　메러디스 빅토리 호는 흥남 철수 작전 마지막에 남은 상선이 되고 온양호는 가장 마지막에 흥남부두를 떠난 배가 되었다.

　　메러디스 빅토리 호의 레너드 라루 선장은 피난민을 한 사람이라도 더 구하기 위해 무기를 전부 버리고 피난민 1만 4천여 명을 태워 무사히 철수함으로써, 가장 많은 사람을 구해서 항해한 배로 기네스북에 올랐다.

　　흥남 철수의 성공을 기념하기 위해 6명의 영웅을 새긴 흥남 철수작전기념비가 거제도 포로수용소에 세워져 있다.

장진호 전투 기념비 헌화 기념사

위대한 동맹

CSIS 연설 : 위대한 동맹으로

2017-06-30

CSIS 연설: 위대한 동맹으로

2017-06-30

존경하는 존 햄리^{John Hamre} 회장님, 그리고 내외 귀빈 여러분, 미국은 취임 후 나의 첫 해외 방문지입니다. 오늘 이렇게 여러분을 만나 뵙게 된 것을 기쁘게 생각합니다.

취임 직후, 나는 트럼프 대통령과 전화로 먼저 대화했습니다. 트럼프 대통령은 나와 통화에서 한미동맹을 단순히 좋은 동맹이 아니라 '위대한 동맹'이라고 강조했습니다. 그 말씀이 매우 인상적이었습니다. 그래서 이 연설문의 주제도, 한미 정상공동성명의 서문에도 위대한 동맹이 포함되도록 했습니다.

내외 귀빈 여러분, 나는 이 자리에서 먼저, 한미 양국이 한 세기가 넘는 시간 동안 쌓아온 우정을 여러분과 함께 재확인 하고 싶습니다.

1885년, 한국에 최초의 서양식 병원인 광혜원을 설립한 사람은 미국인 선교사 호레스 알렌Horace Allen이었습니다. 미국인 선교사들은 한국에서 근대적 교육기관과 의료기관의 설립

당시 광혜원 전경

을 주도했고, 항일 독립운동을 지원했습니다. 미국 정보국은 우리 임시정부와 협력해 군사훈련을 지원하기도 했습니다.

1950년, 한국에서는 역사상 가장 비극적인 전쟁이 일어났습니다. 이틀 전 미국에 도착해 제일 처음 방문한 곳은 장진호 전투 기념비입니다. 한국전쟁에서 가장 치열했던 전투의 하나로 기록된 이 전투에서 미 제1해병사단은 '지옥보다 더한 추위'를 견디며 싸웠습니다. 무려 열배가 넘는 적의 포위망을 뚫었고 덕분에 그 유명한 흥남 철수가 가능했습니다.

흥남 철수는 북한을 탈출하기 위해 흥남부두로 몰려온 10만여 명의 피난민을 미군이 무사히 철수시킨 대규모 작전이었습니다. 인류 역사상 유례 없는 최대의 인도주의적 작전이었습니다. 그때 미국 화물선 메러디스 빅토리 호는 무기와 전쟁물자를 모두 버리고 화물창에 피난민을 태웠습니다. 무려 14,000명의 피난민이 살기 위해 그 배에 올라탔습니다. 그 가운데 나의 부모님도 있었습니다.

추위와 싸우며 잠시 휴식하는 미군

빅토리 호는 내 누님의 생일인 12월 23일 흥남을 출발해 12월 25일 대한민국 남쪽 땅, 거제도에 도착했습니다. 단 한 명의 희생자도 없었던 자유와 인권의 항해였습니다.

5명의 새 생명이 항해 중에 태어나기도 했습니다. 그야말로 크리스마스의 기적이었습니다. 빅토리 호가 도착한 거제에서 2년 후 제가 태어났습니다. 그리고 오늘 이렇게, 그때 미군이 구출했던 피난민의 아들이 대통령이 되어 여러분과 만나고 있습니다.

내외 귀빈 여러분, 전쟁이 끝난 후 한국이 전 세계에 보여준 눈부신 발전과 성장은 이미 여러분께서 잘 알고 계신 그대로입니다. 한국의 발전을 이끈 두 바퀴, 민주주의와 시장경제는 미국이 한국에 전파한 것이자 양국이 공유하고 있는 핵심가치입니다. 지난 70년간 한미동맹은 한반도 평화와 안정의 근간이 되었을 뿐만 아니라 한국의 경제발전과 민주화에

메러디스 빅토리 호에 승선하는 피난민들

크게 기여했습니다. 우리 국민들은 그 사실을 잘 알고 있습니다.

대한민국의 성장과 발전에 토대를 제공한 미국은 우리에게 고마운 동맹입니다. 미국의 아태 지역 리더십 유지와 번영에 기여한 한국 역시 미국에게 중요한 동맹입니다. 한미동맹이 발전하고 확대되어 오는 동안 양국의 많은 국민들이 교류했고, 종교와 문화, 학문을 비롯한 다방면에서 영향을 주고받았습니다.

장진호 전투에서 진지를 지켰던 어느 병사, 빅토리 호를 운항했던 어느 선원이 오늘 저의 삶과 연결되어 있듯이 한미 양국의 관계는 국가와 국가, 정부와 정부만이 아니라 사람과 사람으로도 이어져 있습니다.

내외 귀빈 여러분, 한국에는 "뿌리 깊은 나무는 바람에 흔들리지 않고, 샘이 깊은 물은 마르지 않는다"는 말이 있습니다. 한미 양국 관계가 그렇습니다. 오랜 시간에 걸쳐 우정을 쌓고 뿌리를 내려왔습니다. 한미동맹은 대한민국의 역사와 함께 발전해왔습니다. 깊고 굳건한 동맹입니다. 양국의 동맹 관계는 흔들리지 않을 것이며, 이에 대한 나의 의지도 확고합니다.

내외 귀빈 여러분, 최근 우리나라는 유례없던 정치적 위기를 겪었습니다. 그러나 우리 국민들은 위기를 기회로 바꿔냈습니다. 가장 평화롭고 아름다운 방법으로, 민주주의와 헌법을 회복하고 새로운 정부를 출범시켰습니다. 우리 국민들은 이것을 촛불혁명이라고 부릅니다. 이 자리에 계신 여러분들께서도 우리 국민들의 촛불혁명이 세계 광장 민주주의의 모범이었다는 평가에 동의하실 것이라 믿습니다.

촛불혁명은 대통령으로서 나의 출발점입니다. 한국은 지금, 보다 민주적인 나라, 보다 공정하고 정의로운 나라로 나아가기 위한 변화를 실천하고 있습니다. 이것은 촛불혁명을 통해 국민들이 요구한 것이고, 그 요구에 화답하는 것이 대통령으로서 나의 책무입니다.

사드배치 문제로 한미동맹의 장래를 걱정하는 시선이 있습니다. 사드배치에 관한 한국 정부의 논의는 민주적 정당성과 절차적 투명성이 담보되는 절차에 관한 것입니다. 이것은 촛불혁명으로 탄생한 우리 정부에게 대단히 중요합니다.

나는 한미 간의 결정을 존중합니다. 그러나 정당한 법 절차를 지키려는 한국 정부의 노력이 한미동맹의 발전에도 유익할 것이라고 생각합니다. 여러분의 깊은 이해와 공감을 바랍니다.

내외 귀빈 여러분, 이제 이 연설의 주제인 '위대한 동맹'에 대한 나의 생각을 말씀드리겠습니다. 한미동맹은 이미 위대한 동맹입니다. 그러나 한미동맹은 더 위대해질 수 있습니다.

나는 그 정신을 장진호 전투에서 발견했습니다. 그 영웅적인 전투를 지휘한 스미스 사단장은 함흥철수 작전을 후퇴가 아닌 '새로운 방향으로의 공격'이라고 명명했습니다. 이것이 바로 한미동맹의 정신입니다.

지금 우리 앞에는 특별한 과제가 있습니다. 지난 20년간 풀지 못한 역사적 난제입니다. 바로 북한의 핵과 미사일 문제입니다. 위협은 이미 한반도를 넘어서서 미국을 향하고 있습니다. 세계적으로 가장 급박하고 위험한 이 위협 앞에 더 이상 후퇴하지 않고 미래를 향해 새롭게 도약하는 것, 나는 이것이 한미동맹이 좋은 동맹을 넘어 위대한 동맹으로 나아가는 길이라고 생각합니다. 위대한 동맹은 평화를 이끌어내는 동맹입니다.

한미 양국은 이미 한반도 평화 구상에 합의한 적이 있습니다. 2005년 6자회담에서 채택한 9.19 공동성명, 그리고 이를 재확인한 2007년 남북정상회담의 10.4 정상선언, 이들

합의는 북한 핵의 완전한 폐기와 한반도 평화체제 구축을 한꺼번에 포괄적으로 이루도록 하는 내용입니다. 한미 양국의 긴밀한 공조가 있었음은 물론입니다.

평화를 역설하는 것은 쉽지만 그것을 실현하는 것은 매우 어렵다는 것을 잘 압니다. 9.19 공동성명의 이행절차까지 합의하고도 실행에 실패한 지난 10년의 세월이 보여준 사실이기도 합니다. 더구나 북한의 김정은 정권은 핵과 미사일이 북한의 체제와 정권을 지켜줄 것이라는 잘못된 믿음을 갖고 있습니다. 그럼에도 불구하고 나는 바로 지금이 그 어려운 일을 다시 시작할 기회라고 확신합니다.

트럼프 대통령이 미국 외교문제의 최우선 순위를 북한 핵과 미사일 문제 해결에 둔 것은 역대 미국 정부가 하지 않았던 일입니다. 이 사실이 북핵문제 해결 가능성을 높여주고 있습니다.

나는 최선의 노력을 다해 이 기회를 살리고자 합니다. 그

2005년 11월 17일, 노무현 전대통령과 부시가 경주에서 정상회담 후 악수하는 모습.

확고한 전제는 바로 굳건한 한미동맹입니다. 북한의 도발을 억제하고 철저한 연합방위태세를 유지하는 바탕 위에서 한국은 미국과 함께 한반도의 평화와 번영을 위한 여정을 시작할 것입니다.

　내외 귀빈 여러분, 이 여정은 위대한 한미동맹의 여정입니다. 한반도의 비핵화에서 출발해 동북아 전체의 안정과 평화로 나아가는 긴 여정입니다. 우리의 새로운 방향은 '전략적

인내'에서 벗어나 북한을 협상테이블로 끌어내기 위해 모든 수단을 동원하는 것입니다.

북한의 도발에는 단호하고 강력하게 대응해야 합니다. 동시에 김정은 위원장과 대화하는 것도 필요합니다. 그가 북한에서 핵 폐기를 결정할 수 있는 유일한 인물이기 때문입니다.

대화의 목표는 분명합니다. 북한이 스스로 핵 폐기를 결정하는 것입니다.

한국은 한반도 문제의 직접적인 당사국입니다. 당사국으로서, 또한 참혹한 전쟁의 비극을 다시는 겪지 않기 위해 한국은 보다 주도적인 역할을 해나갈 것입니다. 한국이 미국과 긴밀한 공조 하에 남북관계를 개선해 나가면 그 과정에서 미국을 포함한 국제사회도 북한과의 관계를 개선할 수 있을 것입니다.

내외 귀빈 여러분, 나는 어제 이러한 비전에 대해 트럼프 대통령과 깊이 있는 대화를 나누었습니다. 우리는 보다 적극적으로 평화를 지키고 만들어 나가기로 했습니다.

이 자리에서 분명히 말합니다. 나와 트럼프 대통령은 북한에 대한 적대시 정책을 추진하지 않습니다. 우리는 북한을 공격할 의도가 없으며, 북한 정권의 교체나 정권의 붕괴를 원하지도 않습니다. 인위적으로 한반도 통일을 가속화하지도 않을 것입니다.

그러나 우리는 북한에게 분명히 요구합니다. 비핵화야말로 안보와 경제 발전을 보장받는 유일한 길입니다. 북한 또한 스스로의 운명을 결정해야 합니다. 자신의 운명을 다른 나라의 탓으로 돌릴 수는 없습니다. 대화의 문은 활짝 열려 있습니다. 중요한 선택의 기로에서 올바른 판단을 내려 평화와 번영의 기회를 잡을 수 있기를 진심으로 촉구합니다. 북한이 올바른 선택을 한다면 나는 한반도 평화와 번영의 길을 북한과 함께 걸어갈 준비가 되어 있습니다.

CSIS 연설: 위대한 동맹으로

153

내외 귀빈 여러분, 우리 앞에는 북핵 문제를 넘어 많은 과제가 놓여 있습니다. 동북아 지역의 안정과 번영을 증진시켜야 합니다. 테러리즘, 환경 문제, 난민, 기아, 전염병과 같은 초국경적 현안에 대해서도 힘을 합쳐야 합니다. 동북아와 전 세계에서 민주, 평화, 인권, 민주주의 가치를 재건하는 것은 한미동맹이 세계 평화에 기여하는 동맹임을 입증하는 일입니다. 한미 양국은 굳건한 한미동맹을 기반으로 글로벌 파트너십을 더욱 강화해 나갈 것입니다. 국제 테러리즘 척결을 위한 연대를 강화하고, 이라크, 시리아, 아프간 등에서의 평화 정착과 재건 노력을 확대할 것입니다.

내외 귀빈 여러분, 동맹의 가장 큰 장애물은 현실 안주입니다. 우리가 직면한 과제는 결코 쉬운 것들이 아니며 예상치 못한 어려움이 나타날 수도 있습니다. 그러나 우리에게는 공통의 목표가 있고 수많은 역경을 극복해온 경험과 지혜가 있습니다. 우리 자신을 믿고 새로운 구상을 담대하게 실천해 가야 합니다. 북한이 스스로 평화의 길을 선택할 수 있게 해야 합니다.

평화는 스스로 선택할 때, 온전하고 지속가능한 평화가 된다는 나의 믿음을 여러분이 지지하고 함께 해주시기를 바랍니다. 한미동맹이 한미 양국을 넘어 동북아와 국제평화의 번영, 가치의 재건에 기여하는 위대한 동맹으로 도약할 수 있도록 함께 힘을 모아주시기 바랍니다.

특별히, 웜비어 씨의 유족과 미국 국민들에게 깊은 위로의 말씀을 드립니다. 가족은 우리 삶의 뿌리이고, 또 열매입니다. 나 역시 자식을 둔 부모로서, 그리고 미국의 동맹국 정상으로서 북한 당국의 가혹한 처사가 웜비어 씨의 가족과 미국 국민들에게 던진 충격과 비통함에 공감합니다.

웜비어 씨와의 이별이 그 가족들에게 모든 것을 잃은 것이 되지 않도록 해야 할 책임을 느낍니다. 어떤 경우에도 가족의 가치와 인권이 훼손되어서는 안 되며 나는 여러분과 함께, 우리가 소중하게 생각하는 가치를 지키기 위한 노력을 멈추지 않을 것입니다. 주한미군을 비롯한 미국 국민과 우리 국민을 지키기 위해서라도 북한 핵문제는 반드시 해결하고 말 것입니다.

오늘 함께 해주신 여러분께 다시 한 번 깊은 감사의 말씀을 드립니다.

감사합니다.

CSIS (국제전략연구센터)

　1962년, 공화당 하원의원을 지낸 데이비드 앱시러가 영국의 국제전략문제연구소(IISS)를 본떠 만든 CSIS는 국제 전략 이슈를 연구하는 싱크 탱크인 Center for Strategi c & International Studies의 약자로 워싱턴 D.C에 본부가 있다.

　대외정책 전문가인 헨리 키신저Henry Kissinger, 브레진스키Zbigniew Brezinski, 제임스 슐레진저, 윌리엄 브로키가 대표적인 CSIS 출신으로 보수 성향의 외교 전문 싱크 탱크이다.

　국제 안보 방위, 정치, 경제 및 경영에 관한 정책을 연구하며 220여 명의 연구진 안에는 정책결정에 직접 참여했던 정부인사가 다수 소속되어 있다.

167
국민제안 실천과제

15

부정·부패 청산 15개의 국민제안 실천과제 반영

광화문 1번가

국정과제 보고대회 연설

2017-07-19

강세는 빗 변

새로운 민주주의 광장 광화문1번가!

10

문화·언론 10개의 국민제안 실천과제 반영

분권·균

존경하는 국민 여러분.

정부 출범 70여 일이 지난 오늘, 국정기획자문위원회가 새 정부 5년의 국정운영계획을 보고 드리게 되어 매우 기쁘게 생각합니다. 많은 분들의 노고가 있었습니다. 김진표 위원장님, 김태년·홍남기 부위원장님, 그리고 함께해주신 위원님들, 수고 많으셨습니다. 역대 인수위원회에 비해 인력과 예산이 턱없이 부족했는데도 값진 결과물을 만들어주셨습

니다.

　모두 함께 감사와 격려의 박수를 보내주시면 좋겠습니다.

　특별히 이번 국정과제를 선정하는 과정은 정부가 주도하던 과거의 관행에서 탈피하여 최초로 국민참여형으로 이뤄졌습니다. 매우 뜻깊게 생각합니다.

　국민의 목소리를 직접 듣기 위해 운영한 '광화문 1번가'에, 총 16만여 건의 국민 제안이 접수되었습니다.

　홈페이지 방문자 수도 79만 명을 넘었습니다. 예상을 훌쩍 뛰어넘는 놀라운 참여가 아닐 수 없습니다.

　현장의 요구도 적극적으로 수렴했습니다.

　세월호의 아픔이 있는 목포 신항과 해양금융센터 등 17곳의 현장을 찾았습니다. 이렇게 새 정부의 국정운영계획은 주권자인 국민의 참여 속에 만들어졌습니다. 함께해주신 국민 여러분께 깊은 감사의 말씀을 드립니다.

존경하는 국민 여러분.

지난 두 달, 많은 변화가 있었습니다. 국정농단 사태로 무너진 대한민국을 다시 세우고 있습니다. 국민과 소통하면서 민생을 살리기 위해 노력했습니다. 한미정상회담, G20 정상회의를 통해 외교 공백을 복원하고 세계 속에 대한민국의 위상을 공고히 했습니다.

인수위 없이 어려운 여건에서 출발했지만 이제 나라다운 나라의 기틀이 잡혀가고 있다는 보고의 말씀을 드립니다.

국민과 손잡고 더 힘차게 달려가겠습니다. 오늘 발표하는 국정기획자문위의 국정운영 5개년 계획이 새로운 대한민국으로 향하는 설계도가 되고 나침반이 될 것입니다. 새 정부는 촛불 혁명의 정신을 이을 것입니다.

국민이 주인으로 대접받는 국민의 나라, 모든 특권과 반칙, 불공정을 일소하고, 차별과 격차를 해소하는 정의로운 대한민국을 만들겠습니다.

이미 변화가 시작되었습니다. 임을 위한 행진곡 제창, 국정교과서 폐지, 미세먼지 감축 등 시급한 과제는 '대통령 업무지시'를 통해 처리해왔습니다. 적폐와 부정부패 청산을 위한 조치도 시작했습니다.

대통령 주재 '반부패 관계기관 협의회'를 다시 가동하고 '방산비리 근절 관계기관 협의회'를 운영하여 국민의 여망에 부응할 것입니다. 국민의 삶을 바꾸는 구체적인 실천도 시작됐습니다. 최저임금 인상으로 최저임금 1만 원 시대의 청신호를 켰고, 소상공인 영세중소기업에 대한 지원 대책도 함께

광화문 1번가

마련했습니다.

 국민 생활과 밀접한 보육과 교육, 환경, 안전 분야에서 국가
의 책임을 더 높여가고 있습니다. 국가의 모든 역량을 일자리
창출로 집중하고 있습니다. 일자리위원회를 구성했고, 제 집
무실에 '일자리 상황판'을 설치하여 직접 점검하고 있습니다.
남북관계에서도 변화를 모색하고 있습니다.

 대한민국이 한반도 문제의 주인임을 분명히 하고 북핵 문
제 해결을 위해 국제사회와 굳건하게 공조하고 있습니다.

 한편으로 이산가족 상봉, 남북군사회담 제의 등 남북 관계
개선을 위한 조치들도 시작하고 있습니다. 남북 관계의 개선
은 북핵 문제 해결에도 도움이 될 것입니다.

 국정기획자문위의 5대 국정목표, 20대 국정전략, 100대
국정과제에는 더 많은 약속이 담겨 있습니다.

새 정부는 이 안을 부처별로 실천 가능하게 다듬고 확정하는 절차를 거쳐 국민과의 약속을 책임 있게 실천할 것입니다.

매년 말 대통령 주재 국정과제보고회를 열어 꼼꼼하게 점검하고 국민께 보고드리겠습니다. 이행 과정도 국민과 함께 하겠다는 약속을 드립니다.

존경하는 국민 여러분.

정부는 내일과 모레 이틀 동안, 국정운영계획을 뒷받침할 새 정부 5년의 국가재정전략을 논의할 예정입니다. 이제 곧 새 정부 국정운영의 얼개를 완성하고 속도감 있게 실천해 가겠습니다. 촛불혁명을 통해 국민들이 염원했던 공정하고 정의로운 나라를 위해 열심히 일하겠습니다.

늘 국민을 우선하겠습니다. 오직 국민과 민생만 생각하면서 국민의 손을 굳게 잡고 앞으로 가겠습니다.

지금까지 여러 가지 어려움이 있었지만 국민 여러분의 지지와 성원이 있었기에 잘 헤쳐올 수 있었습니다.

앞으로도 많은 관심과 참여를 부탁드립니다.

감사합니다.

문재인정부 100대 국정과제

목표	전략	국정과제 (주관부처)
국민이 주인인 정부 (15개)		■ **전략 1 : 국민주권의 촛불민주주의 실현**
	1	적폐의 철저하고 완전한 청산 (법무부)
	2	반부패 개혁으로 청렴한국 실현 (권익위·법무부)
	3	국민 눈높이에 맞는 과거사 문제 해결 (행자부)
	4	표현의 자유와 언론의 독립성 신장 (방통위)
		■ **전략 2 : 소통으로 통합하는 광화문 대통령**
	5	365일 국민과 소통하는 광화문 대통령 (행자부)
	6	국민 인권을 우선하는 민주주의 회복과 강화 (법무부·행자부·인권위)
	7	국민주권적 개헌 및 국민참여 정치개혁 (국조실)
		■ **전략 3 : 투명하고 유능한 정부**
	8	열린 혁신 정부, 서비스하는 행정 (행자부)
	9	적재적소, 공정한 인사로 신뢰받는 공직사회 구현 (인사처)
	10	해외 체류 국민 보호 강화 및 재외동포 지원 확대 (외교부)
	11	국가를 위한 헌신을 잊지 않고 보답하는 나라 (보훈처)
	12	사회적 가치 실현을 선도하는 공공기관 (기재부)
		■ **전략 4 : 권력기관의 민주적 개혁**
	13	국민의, 국민을 위한 권력기관 개혁 (법무부·경찰청·감사원·국정원)
	14	민생치안 역량 강화 및 사회적 약자 보호 (경찰청)
	15	과세형평 제고 및 납세자 친화적 세무행정 구축 (기재부)

목표	전략	국정과제 (주관부처)
더불어 잘사는 경제 (26개)		**■ 전략 1 : 소득 주도 성장을 위한 일자리경제**
		16 국민의 눈높이에 맞는 좋은 일자리 창출 (고용부)
		17 사회서비스 공공인프라 구축과 일자리 확충 (복지부)
		18 성별·연령별 맞춤형 일자리 지원 강화 (고용부)
		19 실직과 은퇴에 대비하는 일자리 안전망 강화 (고용부)
		20 좋은 일자리 창출을 위한 서비스 산업 혁신 (기재부)
		21 소득 주도 성장을 위한 가계부채 위험 해소 (금융위)
		22 금융산업 구조 선진화 (금융위)
		■ 전략 2 : 활력이 넘치는 공정경제
		23 공정한 시장질서 확립 (공정위)
		24 재벌 총수 일가 전횡 방지 및 소유·지배구조 개선 (공정위)
		25 공정거래 감시 역량 및 소비자 피해 구제 강화 (공정위)
		26 사회적경제 활성화 (기재부)
		27 더불어 발전하는 대·중소기업 상생 협력 (중기청)
		■ 전략 3 : 서민과 중산층을 위한 민생경제
		28 소상공인·자영업자 역량 강화 (중기청)
		29 서민 재산형성 및 금융지원 강화 (금융위)
		30 민생과 혁신을 위한 규제 재설계 (국조실)
		31 교통·통신비 절감으로 국민 생활비 경감 (국토부·미래부)
		32 국가기간교통망 공공성 강화 및 국토교통산업 경쟁력 강화 (국토부)
		■ 전략 4 : 과학기술 발전이 선도하는 4차 산업혁명
		33 소프트웨어 강국, ICT 르네상스로 4차 산업혁명 선도 기반 구축 (미래부)
		34 고부가가치 창출 미래형 신산업 발굴·육성 (산업부·미래부·국토부)
		35 자율과 책임의 과학기술 혁신 생태계 조성 (미래부)
		36 청년과학자와 기초연구 지원으로 과학기술 미래역량 확충 (미래부)
		37 친환경 미래 에너지 발굴·육성 (산업부)
		38 주력산업 경쟁력 제고로 산업경제의 활력 회복 (산업부)
		■ 전략 5 : 중소벤처가 주도하는 창업과 혁신성장
		39 혁신을 응원하는 창업국가 조성 (중기청)
		40 중소기업의 튼튼한 성장 환경 구축 (중기청)
		41 대·중소기업 임금 격차 축소 등을 통한 중소기업 인력난 해소 (중기청)

목표	전략	국정과제 (주관부처)	
내 삶을 책임지는 국가 (32개)		■ **전략 1 : 모두가 누리는 포용적 복지국가**	
		42	국민의 기본생활을 보장하는 맞춤형 사회보장 (복지부)
		43	고령사회 대비, 건강하고 품위 있는 노후생활 보장 (복지부)
		44	건강보험 보장성 강화 및 예방 중심 건강관리 지원 (복지부)
		45	의료공공성 확보 및 환자 중심 의료서비스 제공 (복지부)
		46	서민이 안심하고 사는 주거 환경 조성 (국토부)
		47	청년과 신혼부부 주거 부담 경감 (국토부)
		■ **전략 2 : 국가가 책임지는 보육과 교육**	
		48	미래세대 투자를 통한 저출산 극복 (복지부)
		49	유아에서 대학까지 교육의 공공성 강화 (교육부)
		50	교실혁명을 통한 공교육 혁신 (교육부)
		51	교육의 희망사다리 복원 (교육부)
		52	고등교육의 질 제고 및 평생·직업교육 혁신 (교육부)
		53	아동·청소년의 안전하고 건강한 성장 지원 (여가부)
		54	미래 교육 환경 조성 및 안전한 학교 구현 (교육부)
내 삶을 책임지는 국가		■ **전략 3 : 국민안전과 생명을 지키는 안심사회**	
		55	안전사고 예방 및 재난 안전관리의 국가책임체제 구축 (안전처)
		56	통합적 재난관리체계 구축 및 현장 즉시대응 역량 강화 (안전처)
		57	국민 건강을 지키는 생활안전 강화 (환경부·식약처)
		58	미세먼지 걱정 없는 쾌적한 대기환경 조성 (환경부)
		59	지속가능한 국토환경 조성 (환경부)
		60	탈원전 정책으로 안전하고 깨끗한 에너지로 전환 (산업부·원안위)
		61	신기후체제에 대한 견실한 이행체계 구축 (환경부)
		62	해양영토 수호와 해양안전 강화 (해수부)
		■ **전략 4 : 노동존중·성평등을 포함한 차별없는 공정사회**	
		63	노동존중 사회 실현 (고용부)
		64	차별 없는 좋은 일터 만들기 (고용부)
		65	다양한 가족의 안정적인 삶 지원 및 사회적 차별 해소 (여가부)
		66	실질적 성평등 사회 실현 (여가부)
		■ **전략 5 : 자유와 창의가 넘치는 문화국가**	
		67	지역과 일상에서 문화를 누리는 생활문화 시대 (문체부)
		68	창작 환경 개선과 복지 강화로 예술인의 창작권 보장 (문체부)
		69	공정한 문화산업 생태계 조성 및 세계 속 한류 확산 (문체부)
		70	미디어의 건강한 발전 (방통위)
		71	휴식 있는 삶을 위한 일·생활의 균형 실현 (고용부)
		72	모든 국민이 스포츠를 즐기는 활기찬 나라 (문체부)
		73	관광복지 확대와 관광산업 활성화 (문체부)

목표	전략	국정과제 (주관부처)
고르게 발전하는 지역 (11개)		■ **전략 1 : 풀뿌리 민주주의를 실현하는 자치분권**
		74 획기적인 자치분권 추진과 주민 참여의 실질화 (행자부)
		75 지방재정 자립을 위한 강력한 재정분권 (행자부·기재부)
		76 교육 민주주의 회복 및 교육자치 강화 (교육부)
		77 세종특별시 및 제주특별자치도 분권모델의 완성 (행자부)
		■ **전략 2 : 골고루 잘사는 균형발전**
		78 전 지역이 고르게 잘사는 국가균형발전 (산업부·국토부·행자부)
		79 도시경쟁력 강화 및 삶의 질 개선을 위한 도시재생뉴딜 추진 (국토부)
		80 해운·조선 상생을 통한 해운강국 건설 (해수부)
		■ **전략 3 : 사람이 돌아오는 농산어촌**
		81 누구나 살고 싶은 복지 농산어촌 조성 (농식품부)
		82 농어업인 소득안전망의 촘촘한 확충 (농식품부)
		83 지속가능한 농식품 산업 기반 조성 (농식품부)
		84 깨끗한 바다, 풍요로운 어장 (해수부)
평화와 번영의 한반도 (16개)		■ **전략 1 : 강한 안보와 책임국방**
		85 북핵 등 비대칭 위협 대응능력 강화 (국방부)
		86 굳건한 한미동맹 기반 위에 전작권 조기 전환 (국방부)
		87 국방개혁 및 국방 문민화의 강력한 추진 (국방부)
		88 방산비리 척결과 4차 산업혁명시대에 걸맞은 방위산업 육성 (국방부)
		89 장병 인권 보장 및 복무 여건의 획기적 개선 (국방부)
		■ **전략 2 : 남북 간 화해협력과 한반도 비핵화**
		90 한반도 신경제지도 구상 및 경제통일 구현 (통일부)
		91 남북기본협정 체결 및 남북관계 재정립 (통일부)
		92 북한인권 개선과 이산가족 등 인도적 문제 해결 (통일부)
		93 남북교류 활성화를 통한 남북관계 발전 (통일부)
		94 통일 공감대 확산과 통일국민협약 추진 (통일부)
		95 북핵문제의 평화적 해결 및 평화체제 구축 (외교부)
		■ **전략 3 : 국제협력을 주도하는 당당한 외교**
		96 국민외교 및 공공외교를 통한 국익 증진 (외교부)
		97 주변 4국과의 당당한 협력외교 추진 (외교부)
		98 동북아플러스 책임공동체 형성 (외교부)
		99 국익을 증진하는 경제외교 및 개발협력 강화 (외교부)
		100 보호무역주의 대응 및 전략적 경제협력 강화 (산업부)

국민의 건강을 지키는
나라다운 나라

건강보험 보장강화 정책 발표

2017-08-09

여러분, 반갑습니다.

힘든 투병 생활 속에서도 희망을 지키고 계신 환자와 보호자, 가족 여러분께 가슴 깊이 존경과 위로의 말씀을 드립니다. 국민의 건강과 생명을 지키기 위해 애쓰고 계신 의료인들께도 감사의 인사를 드립니다.

오늘 여러분들을 만나니 촛불로 빛나던 광장이 떠오릅니다. 지난 겨울, 촛불을 높이 들었던 국민들 마음속에는 아플

국민의 건강을 지키는 나라다운 나라

때나, 건강할 때나 나와 내 가족의 삶을 든든하게 지켜주는, 나라다운 나라에 대한 간절한 열망이 있었습니다.

그런 나라를 만들고 싶습니다.

열심히 살아가는 가족이 있습니다.

어느 날 갑자기 아이가 아프면, 아이 간병에 밤낮 없이 매달립니다.

병원비 마련을 위해 야근에 부업까지 합니다.

그래도, 아이만 다시 건강해질 수 있다면 이런 일 아무것도 아니라며 부모는 웃을 것입니다.

이제 그 짐을 국가가 나누어 지겠습니다.

아픈 국민의 손을 정부가 꼭 잡아 드리겠습니다.

국민 여러분!

의료비 부담이 계속 늘어나고 있습니다.

의료비로 연간 500만 원 이상을 지출하는 국민이 46만 명에 달합니다.

의료비 때문에 가정이 파탄나고 있습니다.

기초생활수급자들을 조사해보니, 빈곤층 가정으로 떨어진 가장 큰 이유 중 첫 번째가 실직이었고 두 번째가 의료비 부담이었습니다.

간병은 환자를 둔 가족들의 가장 큰 걱정거리입니다.

간병이 필요한 환자는 약 2백만 명에 달합니다.

그런데 그중 75%가 건강보험 혜택을 받지 못해, 가족이 직접 간병하거나 간병인을 고용해야 합니다.

간병을 위해 지방에서 올라와 병실에서 함께 생활하는 가족도 34만 명에 이릅니다.

간병이 환자 가족의 생계와 삶까지 파탄내고 있습니다.

하지만 의료비 중 건강보험이 부담하는 보장률은 60% 수준으로 OECD 평균인 80%에 한참 못 미칩니다.

국민의 의료비 본인부담률은 OECD 평균의 두 배입니다.

또한 건강보험 보장률이 낮다 보니, 가구당 월평균 건강보험료가 9만 원인데 비해, 민간 의료보험료 지출이 28만 원에 달합니다.

국민의 건강과 생명을 지키는 것은 국가의 가장 기본적인 책무입니다.

국민이 아픈데 지켜주지 못하는 나라,

의료비 부담으로 가계가 파탄나는 나라,

환자가 생기면 가족 전체가 함께 고통받는 나라,

이건 나라다운 나라가 아닙니다.

아픈 것도 서러운데, 돈이 없어서 치료를 못 받는 것은 피눈물이 나는 일입니다.

아픈 데도 돈이 없어서 치료를 제대로 못 받는 일이 없도록 하겠습니다.

환자와 가족의 눈물을 닦아드리고, 국민의 건강을 지키는 나라다운 나라를 만들겠습니다.

존경하고, 사랑하는 국민 여러분!

저는 오늘, 환자와 보호자, 가족, 의료진 모두가 온 힘을 다해 삶에 대한 희망을 지키고 키워가는 현장에서 새 정부의 건강보험 보장성 강화 정책을 기쁜 마음으로 보고 드립니다.

새 정부는 건강보험 하나로 큰 걱정 없이 치료받고, 건강을 되찾을 수 있도록 건강보험의 보장성을 획기적으로 높이겠습니다.

이는 국민의 존엄과 건강권을 지키고, 국가공동체의 안정을 뒷받침하는 일입니다.

올해 하반기부터 바로 시작해서 2022년까지 국민 모두가 의료비 걱정에서 자유로운 나라, 어떤 질병도 안심하고 치료

받을 수 있는 나라를 만들어가겠습니다.

　첫째, 치료비의 많은 부분을 차지하는 비급여 문제를 해결하겠습니다.

　지금까지는 명백한 보험 적용 대상이 아니면 모두 비급여로 분류해서 비용 전액을 환자가 부담했습니다.

　국민의 의료비 부담이 커질 수밖에 없었습니다.

　앞으로는 미용, 성형과 같이 명백하게 보험대상에서 제외할 것 이외에는 모두 건강보험을 적용하겠습니다.

　꼭 필요한 치료나 검사인데도 보험 적용이 안 돼서, 포기하는 일이 없도록 하겠습니다.

　특히, 환자의 부담이 큰 3대 비급여를 단계적으로 해결하겠습니다.

　예약도 힘들고, 비싼 비용을 내야 했던 대학병원 특진을 없애겠습니다.

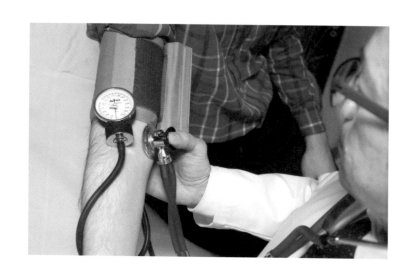

국민의 건강을 지키는 나라다운 나라

상급 병실료도 2인실까지 보험을 적용하겠습니다.

1인실의 경우에도 1인실 입원이 꼭 필요한 환자에게는 건강보험 혜택을 드리겠습니다.

환자와 보호자 모두를 더욱 힘들게 만드는 간병의 굴레로부터 벗어나도록 하겠습니다.

간병이 필요한 모든 환자의 간병에 대해 건강보험을 적용하겠습니다.

보호자가 안심하고 생업에 종사할 수 있도록 '보호자 없는 병원'을 늘려가겠습니다.

둘째, 고액 의료비 때문에 가계가 파탄 나는 일이 없도록 만들겠습니다.

당장 내년부터 연간 본인부담 상한액을 대폭 낮추겠습니다.

본인부담 상한제 인하의 혜택을 받는 환자가 현재 70만 명에서 2022년 190만 명으로 세 배 가까이 늘어나게 될 것입니다.

특히, 하위 30% 저소득층의 연간 본인부담 상한액을 100만 원 이하로 낮추고, 비급여 문제를 적극적으로 해결해서 실질적인 의료비 100만 원 상한제를 실현하겠습니다.

어르신과 어린이처럼 질병에 취약한 계층은 혜택을 더 강화하겠습니다.

당장 올해 하반기 중으로, 15세 이하 어린이 입원진료비의 본인부담률을 현행 20%에서 5%로 낮추고, 중증치매환자의 본인부담률을 10%로 낮추겠습니다.

어르신들 틀니 부담도 덜어드리겠습니다.

셋째, 절박한 상황에 처한 환자를 한 명도 빠뜨리는 일이 없도록 의료안전망을 촘촘하게 짜겠습니다.

4대 중증질환에 한정되었던 의료비 지원제도를 모든 중증질환으로 확대하고, 소득하위 50% 환자는 최대 2천만 원까지 의료비를 지원받을 수 있게 하겠습니다.

지원이 필요한데도 잘 모르거나 억울하게 탈락해서 지원받지 못하는 일이 없도록 하겠습니다.

개별 심사제도를 신설해 한 분 한 분 꼼꼼하게 지원하겠습니다.

대학병원과 국공립병원의 사회복지팀을 확충해서, 도움이 필요한 중증환자를 먼저 찾고,

퇴원 후에도 지역 복지시설과 연계해 끝까지 세심하게 돌봐드리도록 하겠습니다.

2022년까지 이런 계획을 차질 없이 시행하면, 160일을 입원 치료 받았을 때 1,600만 원을 내야 했던 중증치매환자는 앞으로는 같은 기간, 150만 원만 내면 충분하게 됩니다.

어린이 폐렴 환자가 10일 동안 입원했을 때 내야 하는 병원비도 130만 원에서 40만 원으로 줄어들게 될 것입니다.

전체적으로는 전 국민의 의료비 부담이 평균 18% 감소하고, 저소득층은 46% 감소하는 효과가 있을 것입니다.

또한 민간의료보험료 지출 경감으로 가계 가처분 소득이 늘게 됩니다.

존경하는 국민 여러분,

지금까지 말씀드린 병원비 걱정 없는 든든한 나라를 만들기 위해서는 앞으로 5년간 30조 6천억 원이 필요합니다.

그동안 쌓인 건강보험 누적흑자 21조 원 중 절반 가량을 활용하고, 나머지 부족 부분은 국가가 재정을 통해 감당하겠습니다.

동시에 앞으로 10년 동안의 보험료 인상이 지난 10년간의 평균보다 높지 않도록 관리해나갈 것입니다.

국민의 세금과 보험료가 한 푼도 허투루 쓰이지 않도록 비효율적이고 낭비적인 지출은 철저히 관리해 나가겠습니다.

국민 부담은 최소화하면서 국민 혜택을 극대화하기 위해 전력을 다하겠습니다.

의료계의 걱정도 잘 알고 있습니다.

비보험 진료에 의존하지 않아도 정상적으로 운영될 수 있도록 적정한 보험수가를 보장하겠습니다.

의료계와 환자가 함께 만족할 수 있는 좋은 의료제도를 만들겠습니다.

국민 여러분, 환자와 가족 여러분,

저는 오늘 투병 중인 청소년들을 만났습니다.

참으로 힘든 고통 속에서도 작곡가가 되고, 검사가 되겠다는 꿈과 희망을 키우고 있었습니다.

저는 오늘 말씀드린 새 정부의 건강보험 정책이 희망을 지켜가고 있는 우리 아이들의 용기에 대한 우리 모두의 응답이 되길 간절히 기원합니다.

이 나라의 주인이 국민이라는 사실을, 자라나는 이 땅의 모든 아이들과 아프고 힘든 사람들이 피부로 느낄 수 있게 되기를 바랍니다.

국민이 아플 때 같이 아파하고 국민이 웃을 때 비로소 웃는 국민의 나라, 공정하고 정의로운 대한민국을 향해 한 걸음 한 걸음 굳건히 나아가겠습니다.

아픔은 덜고 희망은 키우겠습니다.

감사합니다

국민의 건강을 지키는 나라다운 나라

건강보험

건강보험은 우리나라의 4대 사회보험(국민연금, 건강보험, 산재보험, 고용보험) 중 하나로 1977년 500인 이상의 사업장 근로자를 대상으로 한 직장의료보험 제도에서 출발했다. 1979년에는 공무원과 사립학교 교직원 그리고 300인 이상의 사업장으로 확대되었고 1988년에는 농어촌 지역, 1989년에는 자영업자까지 가입이 의무화되면서 전국민 의무화가 이루어졌다.

1998년 지역의료보험조합과 공무원 교원 의료보험 공단이 국민의료보험 관리공단으로 통합되고 2000년 직장의료보험까지 통합되면서 기존의 '의료보험'이 '건강보험'으로 변경되었다.

현재 국민건강보험은 직장가입자와 지역가입자로 나뉘어 관리되고 있으며 일상생활 도중 질병·사고·부상 등으로 인해 짧은 기간에 과도한 고액의 진료비가 발생해 가계가 어려움에 처하는 것을 막기 위해 마련된 제도다.

　국민들이 평소에 낸 보험료를 국민건강보험공단이 관리 운영하다가 갑작스러운 질병이나 부상 등으로 진료 시 보험급여를 현물 또는 현금의 형태로 병원에 직접 제공한다. 이외에도 예방, 진단, 치료, 재활, 출산, 사망, 건강증진 등 국민의 보건과 사회보장의 향상을 위해 국가가 정하는 한도 내에서 관리하는 사회보장제도이다.

　2011년 1월에는 건강보험, 국민연금, 고용보험, 산재보험 등 사회보험 징수가 통합되었다.

대한민국의 국익이
최우선이고 정의입니다

제72주년 광복절 경축사

2017-08-15

존경하는 국민 여러분, 독립유공자와 유가족 여러분, 해외에 계신 동포 여러분, 촛불혁명으로 국민주권의 시대가 열리고 첫 번째 맞는 광복절입니다. 오늘, 그 의미가 유달리 깊게 다가옵니다.

국민주권은 이 시대를 사는 우리가 처음 사용한 말이 아닙니다. 백 년 전인 1917년 7월, 독립운동가 14인이 상해에서 발표한 '대동단결 선언'은 국민주권을 독립운동의 이념으로

촛불혁명으로
국민주권의 시대가
열리고 첫 번째 맞는
광복절

천명했습니다. 경술국치는 국권을 상실한 날이 아니라 오히려 국민주권이 발생한 날이라고 선언하며, 국민주권에 입각한 임시정부 수립을 제창했습니다.

마침내 1919년 3월, 이념과 계급과 지역을 초월한 전 민족적 항일독립운동을 거쳐, 이 선언은 대한민국 임시정부를 수립하는 기반이 되었습니다.

국민주권은 임시정부 수립을 통한 대한민국 건국의 이념이 되었고, 오늘 우리는 그 정신을 계승하고 있습니다. 그렇게 국민이 주인인 나라를 세우려는 선대들의 염원은 백 년의 시간을 이어왔고, 드디어 촛불을 든 국민들의 실천이 되었습니다.

광복은 주어진 것이 아니었습니다. 이름 석 자까지 모든 것을 빼앗기고도 자유와 독립의 열망을 지켜낸 삼천만이 되찾은 것입니다. 민족의 자주독립에 생을 바친 선열들은 말할 것도 없습니다. 독립운동을 위해 떠나는 자식의 옷을 기운 어머

3·1 운동 기념공원

니도, 일제의 눈을 피해 야학에서 모국어를 가르친 선생님도, 우리의 전통을 지켜내고 쌈짓돈을 보탠 분들도, 모두가 광복을 만든 주인공입니다.

광복은 항일의병에서 광복군까지 애국선열들의 희생과 헌신이 흘린 피의 대가였습니다. 직업도, 성별도, 나이의 구분도 없었습니다. 의열단원이며 몽골의 전염병을 근절시킨 의사 이태준 선생, 간도참변 취재 중 실종된 동아일보 장덕준 선생, 무장독립단체 서로군정서에서 활약한 독립군의 어머니 남자현 여사, 과학으로 민족의 힘을 키우고자 했던 과학자 김용관 선생, 독립군 결사대 단원이었던 영화감독 나운규 선생, 우리에게는 너무도 많은 독립운동가들이 있었습니다.

독립운동의 무대도 한반도만이 아니었습니다. 1919년 3월 1일 연해주와 만주, 미주와 아시아 곳곳에서도 한 목소리로 대한독립의 함성이 울려 퍼졌습니다. 항일독립운동의 이 모든 빛나는 장면들이 지난 겨울 전국 방방곡곡에서, 그리고 우리 동포들이 있는 세계 곳곳에서, 촛불로 살아났습니다. 우리 국민이 높이든 촛불은 독립운동 정신의 계승입니다.

위대한 독립운동의 정신은 민주화와 경제 발전으로 되살아나 오늘의 대한민국을 만들었습니다. 그 과정에서 희생하고 땀 흘린 모든 분들, 그 한분 한분 모두가 오늘 이 나라를 세운 공헌자입니다.

오늘 저는 독립유공자와 유가족 여러분, 그리고 저마다의 항일로 암흑의 시대를 이겨낸 모든 분들게, 또 촛불로 새 시대를 열어주신 국민들게, 다시금 깊은 존경과 감사의 말씀을 드립니다. 아울러 저는 오늘 우리가 기념하는 이 날이 민족과 나라 앞에 닥친 어려움과 위기에 맞서는 용기와 지혜를 되새기는 날이 되기를 희망합니다.

존경하는 독립유공자와 유가족 여러분, 경북 안동에 임청각이라는 유서 깊은 집이 있습니다. 임청각은 일제강점기 전

가산을 처분하고 만주로 망명하여 신흥무관학교를 세우고, 무장 독립운동의 토대를 만든 석주 이상룡 선생의 본가입니다. 무려 아홉 분의 독립투사를 배출한 독립운동의 산실이고, 대한민국 노블리스 오블리제를 상징하는 공간입니다. 그에 대한 보복으로 일제는 그 집을 관통하도록 철도를 놓았습니다. 아흔 아홉 칸 대저택이었던 임청각은 지금도 반 토막이 난 그 모습 그대로입니다. 이상룡 선생의 손자, 손녀는 해방 후 대한민국에서 고아원 생활을 하기도 했습니다. 임청각의 모습이 바로 우리가 되돌아봐야 할 대한민국의 현실입니다. 일제와 친일의 잔재를 제대로 청산하지 못했고, 민족정기를 바로 세우지 못했습니다.

역사를 잃으면 뿌리를 잃는 것입니다. 독립운동가들을 더 이상 잊혀진 영웅으로 남겨두지 말아야 합니다. 명예뿐인 보훈에 머물지도 말아야 합니다. 독립운동을 하면 3대가 망한다는 말이 사라져야 합니다. 친일 부역자와 독립운동가의 처

석주 이상룡 선생이 독립운동 자금을 마련하기 위해 팔았던 임청각의 모습

지가 해방 후에도 달라지지 않더라는 경험이 불의와의 타협을 정당화하는 왜곡된 가치관을 만들었습니다.

독립운동가들을 모시는 국가의 자세를 완전히 새롭게 하겠습니다. 최고의 존경과 예의로 보답하겠습니다. 독립운동가의 3대까지 예우하고 자녀와 손자녀 전원의 생활안정을 지원해서 국가에 헌신하면 3대까지 대접받는다는 인식을 심겠습니다.

독립운동의 공적을 후손들이 기억하기 위해 임시정부기념관을 건립하겠습니다. 임청각처럼 독립운동을 기억할 수 있는 유적지는 모두 찾아내겠습니다. 잊혀진 독립운동가를 끝까지 발굴하고, 해외의 독립운동 유적지를 보전하겠습니다.

이번 기회에 정부는 대한민국 보훈의 기틀을 완전히 새롭게 세우고자 합니다. 대한민국은 나라의 이름을 지키고, 나라를 되찾고, 나라의 부름에 기꺼이 응답한 분들의 희생과 헌신 위에 서 있습니다. 그 희생과 헌신에 제대로 보답하는 나라를 만들겠습니다.

젊음을 나라에 바치고 이제 고령이 되신 독립유공자와 참전유공자에 대한 예우를 강화하겠습니다. 살아계시는 동안 독립유공자와 참전유공자의 치료를 국가가 책임지겠습니다. 참전명예수당도 인상하겠습니다.

유공자 어르신 마지막 한 분까지 대한민국의 품이 따뜻하고 영광스러웠다고 느끼시게 하겠습니다. 순직 군인과 경찰, 소방공무원 유가족에 대한 지원도 확대할 것입니다. 그것이 우리 모두의 자긍심이 될 것이라 믿습니다. 보훈으로 대한민국의 정체성을 분명히 확립하겠습니다. 애국의 출발점이 보훈이 되도록 하겠습니다.

존경하는 국민 여러분, 지난 역사에서 국가가 국민을 지켜주지 못해 국민들이 감수해야 했던 고통과도 마주해야 합니다. 광복 70년이 지나도록 일제강점기 강제동원 고통이 지속되고 있습니다. 그동안 강제동원의 실상이 부분적으로 밝혀졌지만 아직 그 피해의 규모가 다 드러나지 않았습니다. 밝혀진 사실들은 그것대로 풀어나가고, 미흡한 부분은 정부와 민간이 협력해, 마저 해결해야 합니다. 앞으로 남북관계가 풀리면 남북이 공동으로 강제동원 피해 실태조사를 하는 것도 검토할 것입니다.

해방 후에도 돌아오지 못한 동포들이 많습니다. 재일동포의 경우 국적을 불문하고 인도주의적 차원에서 고향 방문을 정상화할 것입니다. 지금도 시베리아와 사할린 등 곳곳에 강제이주와 동원이 남긴 상처가 남아 있습니다. 그분들과도 동포의 정을 함께 나누겠습니다.

존경하는 국민 여러분, 독립유공자와 유가족 여러분, 해외동포 여러분, 오늘 광복절을 맞아 한반도를 둘러싸고 계속되는 군사적 긴장의 고조가 우리의 마음을 무겁게 합니다. 분단은 냉전의 틈바구니 속에서 우리 힘으로 우리 운명을 결정할 수 없었던 식민지시대가 남긴 불행한 유산입니다.

그러나 이제 우리는 스스로 우리 운명을 결정할 수 있을 만큼 국력이 커졌습니다. 한반도의 평화도, 분단 극복도, 우리가 우리 힘으로 만들어가야 합니다. 오늘날 한반도의 시대적 소명은 두말 할 것 없이 평화입니다. 한반도 평화 정착을 통한 분단 극복이야말로 광복을 진정으로 완성하는 길입니다.

평화는 또한 당면한 우리의 생존 전략입니다. 안보도, 경제도, 성장도, 번영도 평화 없이는 미래를 담보하지 못합니다. 평화는 우리만의 문제가 아닙니다. 한반도에 평화가 없으면 동북아에 평화가 없고, 동북아에 평화가 없으면 세계의 평화가 깨집니다. 지금 세계는 두려움 속에서 그 분명한 진실을 목도하고 있습니다. 이제 우리가 가야 할 길은 명확합니다. 전 세계와 함께 한반도와 동북아의 항구적 평화체제 구축의 대장정을 시작하는 것입니다.

지금 당면한 가장 큰 도전은 북한의 핵과 미사일입니다. 정부는 현재의 안보상황을 매우 엄중하게 인식하고 있습니다. 정부는 굳건한 한미동맹을 기반으로 미국과 긴밀히 협력하면서 안보위기를 타개할 것입니다. 그러나 우리의 안보를 동맹국에게만 의존할 수는 없습니다. 한반도 문제는 우리가 주도적으로 해결해야 합니다.

정부의 원칙은 확고합니다. 대한민국의 국익이 최우선이고 정의입니다. 한반도에서 또 다시 전쟁은 안 됩니다. 한반도에서의 군사행동은 대한민국만이 결정할 수 있고, 누구도 대한민국의 동의 없이 군사행동을 결정할 수 없습니다. 정부는 모든 것을 걸고 전쟁만은 막을 것입니다. 어떤 우여곡절을 겪더라도 북핵문제는 반드시 평화적으로 해결해야 합니다. 이 점에서 우리와 미국 정부의 입장이 다르지 않습니다.

정부는 국제사회에서 평화적 해결 원칙이 흔들리지 않도록 외교적 노력을 한층 강화할 것입니다. 국방력이 뒷받침되는 굳건한 평화를 위해 우리 군을 더 강하게, 더 믿음직스럽게 혁신하여 강한 방위력을 구축할 것입니다. 한편으로 남북 간 군사적 긴장이 상황을 더 악화시키지 않도록 군사적 대화의 문도 열어놓을 것입니다.

북한에 대한 제재와 대화는 선후의 문제가 아닙니다. 북핵 문제의 역사는 제재와 대화가 함께 갈 때 문제해결의 단초가 열렸음을 보여주었습니다. 북한이 미사일 발사시험을 유예하거나 핵실험 중단을 천명했던 시기는 예외 없이 남북 관계가 좋은 시기였다는 것을 기억해야 합니다. 그럴 때 북미, 북일 간 대화도 촉진되었고, 동북아 다자외교도 활발했습니다. 제가 기회가 있을 때마다 한반도 문제의 주인은 우리라고 한 이유도 바로 여기에 있습니다.

북핵 문제 해결은 핵 동결로부터 시작되어야 합니다. 적어도 북한이 추가적인 핵과 미사일 도발을 중단해야 대화의 여건이 갖춰질 수 있습니다. 북한에 대한 강도 높은 제재와 압

박의 목적도 북한을 대화로 이끌어내기 위한 것이지 군사적 긴장을 높이기 위한 것이 아닙니다. 이 점에서도 우리와 미국의 입장이 다르지 않습니다.

북한 당국에 촉구합니다. 국제적인 협력과 상생 없이 경제 발전을 이루는 것은 불가능합니다. 이대로 간다면 북한에게는 국제적 고립과 어두운 미래가 있을 뿐입니다. 수많은 주민들의 생존과 한반도 전체를 어려움에 빠뜨리게 됩니다. 우리 역시 원하지 않더라도 북한에 대한 제재와 압박을 더욱 높여나가지 않을 수 없습니다. 즉각 도발을 중단하고 대화의 장으로 나와 핵 없이도 북한의 안보를 걱정하지 않을 수 있는 상황을 만들어야 합니다. 우리가 돕고 만들어 가겠습니다. 미국과 주변 국가들도 도울 것입니다.

다시 한 번 천명합니다. 우리는 북한의 붕괴를 원하지 않습니다. 흡수통일을 추진하지도 않을 것이고, 인위적 통일을 추

개성공단

구하지도 않을 것입니다. 통일은 민족공동체의 모든 구성원들이 합의하는 '평화적, 민주적' 방식으로 이루어져야 합니다. 북한이 기존의 남북합의의 상호이행을 약속한다면, 우리는 정부가 바뀌어도 대북정책이 달라지지 않도록, 국회의 의결을 거쳐 그 합의를 제도화할 것입니다.

저는 오래전부터 '한반도 신경제지도' 구상을 밝힌 바 있습니다. 남북 간의 경제협력과 동북아 경제협력은 남북공동의 번영을 가져오고, 군사적 대립을 완화시킬 것입니다. 경제협력의 과정에서 북한은 핵무기를 갖지 않아도 자신들의 안보가 보장된다는 사실을 자연스럽게 깨닫게 될 것입니다. 쉬운 일부터 시작할 것을 다시 한 번 북한에 제안합니다. 이산가족 문제와 같은 인도적 협력을 하루빨리 재개해야 합니다. 이 분들의 한을 풀어드릴 시간이 얼마 남지 않았습니다. 이산가족 상봉과 고향 방문, 성묘에 대한 조속한 호응을 촉구합니다.

다가오는 평창 동계올림픽도 남북이 평화의 길로 한 걸음 나아갈 수 있는 좋은 기회입니다. 평창올림픽을 평화올림픽으로 만들어야 합니다. 남북대화의 기회로 삼고, 한반도 평화의 기틀을 마련해야 합니다. 동북아 지역에서 연이어 개최되는 2018년 평창 동계올림픽, 2020년의 도쿄 하계올림픽, 2022년의 베이징 동계올림픽은 한반도와 함께 동북아의 평화와 경제협력을 촉진할 수 있는 절호의 기회입니다. 저는 동북아의 모든 지도자들에게 이 기회를 살려나가기 위해 머리

평창올림픽

PyeongChang 2018

대한민국의 국익이 최우선이고 정의입니다

를 맞댈 것을 제안합니다. 특히 한국과 중국, 일본은 역내 안
보와 경제협력을 제도화하면서 공동의 책임을 나누는 노력을
함께해나가야 할 것입니다. 국민 여러분께서도 뜻을 모아주
실 것을 부탁드립니다.

존경하는 국민 여러분,

해마다 광복절이 되면 우리는 한일관계를 되돌아보지 않을
수 없습니다. 한일관계도 이제 양자관계를 넘어 동북아의 평
화와 번영을 위해 함께 협력하는 관계로 발전해 나가야 할 것
입니다. 과거사와 역사문제가 한일관계의 미래지향적인 발전
을 지속적으로 발목 잡는 것은 바람직하지 않습니다.

정부는 새로운 한일관계의 발전을 위해 셔틀외교를 포함한
다양한 교류를 확대해 갈 것입니다. 당면한 북핵과 미사일 위
협에 대한 공동 대응을 위해서도 양국 간의 협력을 강화하지
않을 수 없습니다. 그러나 우리가 한일관계의 미래를 중시한

다고 해서 역사문제를 덮고 넘어갈 수는 없습니다. 오히려 역사문제를 제대로 매듭지을 때 양국 간의 신뢰가 더욱 깊어질 것입니다.

그동안 일본의 많은 정치인과 지식인들이 양국 간의 과거와 일본의 책임을 직시하려는 노력을 해왔습니다. 그 노력들이 한일관계의 미래지향적 발전에 기여해왔습니다. 이러한 역사인식이 일본의 국내 정치 상황에 따라 바뀌지 않도록 해야 합니다. 한일관계의 걸림돌은 과거사 그 자체가 아니라 역사문제를 대하는 일본 정부의 인식의 부침에 있기 때문입니다.

일본군 위안부와 강제징용 등 한일 간의 역사문제 해결에는 인류의 보편적 가치와 국민적 합의에 기한 피해자의 명예회복과 보상, 진실규명과 재발방지 약속이라는 국제사회의 원칙이 있습니다. 우리 정부는 이 원칙을 반드시 지킬 것입니다. 일본 지도자들의 용기 있는 자세가 필요합니다.

존경하는 국민 여러분,

독립유공자와 유가족 여러분, 해외 동포 여러분, 2년 후 2019년은 대한민국 건국과 임시정부 수립 100주년을 맞는 해입니다. 내년 8·15는 정부 수립 70주년이기도 합니다. 우리에게 진정한 광복은, 외세에 의해 분단된 민족이 하나가 되는 길로 나아가는 것입니다. 우리에게 진정한 보훈은, 선열들이 건국의 이념으로 삼은 국민주권을 실현하여 국민이 주인인 나라다운 나라를 만드는 것입니다.

지금부터 준비합시다. 그 과정에서, 치유와 화해, 통합을 향해 지난 한 세기의 역사를 결산하는 일도 가능할 것입니다. 국민주권의 거대한 흐름 앞에서 보수, 진보의 구분이 무의미했듯이 우리 근현대사에서 산업화와 민주화를 세력으로 나누는 것도 이제 뛰어넘어야 합니다.

우리는 누구나 역사의 유산 속에서 살고 있습니다. 모든 역사에는 빛과 그림자가 있기 마련이며, 그 점에서 개인의 삶속으로 들어온 시대를 산업화와 민주화로 나누는 것은 가능하지도 않고 의미 없는 일입니다. 대한민국 19대 대통령 문재인 역시 김대중, 노무현만이 아니라 이승만, 박정희로 이어지는 대한민국 모든 대통령의 역사 속에 있습니다.

저는 우리 사회의 치유와 화해, 통합을 바라는 마음으로 지난 현충일 추념사에서 애국의 가치를 말씀드린 바 있습니다. 이제 지난 백년의 역사를 결산하고, 새로운 백년을 위해 공동체의 가치를 다시 정립하는 일을 시작해야 합니다. 정부의 새로운 정책기조도 여기에 맞춰져 있습니다. 보수나 진보 또는 정파의 시각을 넘어서 새로운 100년의 준비에 다함께 동참해주실 것을 바라마지 않습니다.

존경하는 국민 여러분,

오늘, 우리 다함께 선언합시다. 우리 앞에 수많은 도전이 밀려오고 있지만 새로운 변화에 적응하고 헤쳐나가는 일은 우리 대한민국 국민이 세계에서 최고라고 당당히 외칩시다. 담대하게, 자신 있게 새로운 도전을 맞이합시다. 언제나 그랬듯이 대한민국의 이름으로 하나가 되어 이겨 나갑시다. 국민의 나라, 정의로운 대한민국을 완성합시다. 다시 한 번 우리의 저력을 확인합시다.

나라를 위해 자신의 모든 것을 바친 애국선열과 독립유공자들께 깊은 존경의 마음을 드립니다. 오래오래 건강하시길 바랍니다.

감사합니다.

8·15 광복절

1945년 8월 15일은 제2차 세계대전에서 일본이 패전하며 1910년 8월 29일 한일합방 후 대한민국이 35년여 만에 일제 강점기에서 해방되어 국권이 회복된 날이다. 이를 기념하기 위해 8월 15일은 국

1945. 11. 23 대한민국 임시정부 요인 일동

가 기정 공휴일이 되었으며 2017년은 72주년이 되는 해이다.

하지만 미국과 소련의 이해관계로 인해 온전한 독립이 아닌 남북으로 나뉘면서 오늘날까지 분단국가로 남게 되었다. 그리고 강대국의 이해관계에 따른 위기 조성은 여전히 현재진행형 상태이다.

1945. 8.15 서울 중앙청에서 진행된 대한민국 정부 수립 기념식

임시정부 요인 환영회에 참석한 이승만과 김구

국민과 함께 가겠습니다

취임 100일 기자회견 모두발언

2017-08-17

존경하는 국민 여러분, 기자 여러분, 오늘로 새 정부 출범 100일을 맞았습니다. 그동안 부족함은 없었는지 돌아보고 각오를 새롭게 다지기 위해 자리를 마련했습니다.

먼저 국민 여러분께 감사의 말씀을 드립니다. 국민 여러분의 지지와 성원 덕분에 큰 혼란 없이 국정을 운영할 수 있었습니다. 공식 출범은 100일 전이었지만 사실 새 정부는 작년 겨울 촛불 광장으로부터 시작되었다고 생각합니다. '이게 나

국민과 함께 가겠습니다

라냐'는 탄식이 광장을 가득 채웠지만, 그것이 나라다운 나라를 만들자는 국민의 결의로 모아졌습니다. 국민의 나라, 정의로운 대한민국을 만들자는 국민의 희망, 이것이 문재인 정부의 출발이었습니다.

국민 여러분, 지난 100일 동안 국가운영의 물길을 바꾸고 국민이 요구하는 개혁과제를 실천해왔습니다. 취임사의 약속을 지키기 위해 노력했습니다. 상처받은 국민의 마음을 치유하고 통합하여 국민 모두의 대통령이 되고자 했습니다.

5·18 유가족과 가습기 피해자, 세월호 유가족을 만나 국가의 잘못을 반성하고, 책임을 약속드리고 아픔을 함께 나누었습니다. 현충일 추념사를 통해 모든 분들의 희생과 헌신이 우리가 기려야 할 애국임을 확인하고 공감했습니다.

잘못된 것을 바로잡고 새 정부 5년의 국정운영 청사진을 마련하는 일도 차질 없이 준비해왔습니다. 국가의 역할을 다시 정립하고자 했던 100일이었습니다.

모든 특권과 반칙, 부정부패를 청산하고 공정하고 정의로운 대한민국으로 중단 없이 나아갈 것입니다. 국민을 감시하고 통제했던 권력기관들이 국민을 위한 조직으로 거듭나기 위해 노력하고 있습니다. 국정원이 스스로 개혁의 담금질을 하고 있고, 검찰은 역사상 처음으로 과거의 잘못을 반성하고 국민께 머리 숙였습니다. 그러나 이제 물길을 돌렸을 뿐입니다. 구체적인 성과를 만들기 위해서는 더 많은 시간이 필요하고 더 많은 과제와 어려움을 해결해가야 합니다.

국민 여러분, 요즘 새 정부의 가치를 담은 새로운 정책을 말씀드리고 있어 매우 기쁩니다. 국민의 삶을 바꾸고 책임지는 정부로 거듭나고 있습니다. 보훈사업의 확대는 나라를 위해 희생하고 헌신하신 분들에 대한 국가의 책무입니다.

건강보험 보장성 강화와 치매 국가책임제, 어르신들 기초연금 인상, 아이들의 양육을 돕기 위한 아동수당 도입은 국민의 건강과 미래를 위한 국가의 의무입니다. 사람답게 살 권리의 상징인 최저임금 인상, 미래세대 주거복지 실현을 위한 부동산 시장 안정대책, 모두 국민의 기본권을 위한 정책입니다.

앞서 마련된 일자리 추가경정예산도 국가 예산의 중심을 사람과 일자리로 바꾸는 중요한 노력이었습니다. 그러나 더 치밀하게 준비하겠습니다. 정부의 정책이 국민의 삶을 실질적으로 개선하지 못한다면 아무 의미가 없을 것입니다.

국민들께서 변화를 피부로 느끼실 수 있도록 더 세심하게 정책을 살피겠습니다. 당면한 안보와 경제의 어려움을 해결하고 일자리, 주거, 안전, 의료 같은 기초적인 국민생활 분야에서 국가의 책임을 더 높이고 속도감 있게 실천해 가겠습니다.

존경하는 국민 여러분, 기자 여러분, 지난 100일을 지나오

광화문1번가

면서 저는 진정한 국민주권시대가 시작되었다는 확신을 갖게 되었습니다. 우리 국민은 반 년에 걸쳐 1700만 명이 함께한 평화적인 촛불혁명으로 세계 민주주의 역사를 새로 썼습니다. 새 정부 국민 정책제안에도 80만 명 가까운 국민들이 함께해 주셨습니다.

우리 국민들은 스스로 국가의 주인임을 선언하고 적극적인 참여로 구체적인 변화를 만들어 왔습니다. 그래서 저는, 오늘 우리에게 닥친 어려움과 위기도 잘 극복할 수 있다고 자신합니다. 국민 여러분이 국정운영의 가장 큰 힘입니다. 국민과 함께 가겠습니다.

다시 한 번 함께해주신 국민 여러분께 감사드리며, 국민의 마음을 끝까지 지켜가겠다는 다짐의 말씀을 드립니다.

감사합니다.

청와대 100일간의 기록

- 회의 주재 28회

- 대면보고 267호

- 해외 2개국 3개 도시 방문(43,206km 이동)

- 국내 14개 도시(6,470km 이동)

- 외교 면담, 13개 국가·국제기구와 17회

- 외교 통화, 19개 국가·국제기구와 22회

- 대통령 연설 24회

- 대통령 브리핑 3회

취임 100일 기자회견 모두발언

정책현안 · 최신정책(출처: 청와대 홈페이지)

• 최저임금정책

'최저임금위원회'에서 2018년도 최저임금을 올해 대비 16.4% 상승한 7,530원으로 결정했습니다. 이번 결정은 특히 노사 간 공감대가 형성되어 8년만에 위원 전원이 참석한 가운데 표결로 결정된 것이라 더 의미가 큽니다. 최저임금은 올리고, 소상공인은 살리는 최저임금 인상. 영세 자영업자와 소상공인의 부담이 커지지 않도록 정부도 인건비 지원, 신용카드 수수료 인하, 상가임대차 보호 강화 등 실효성 있는 대책을 마련하겠습니다.

・건강보험 보장강화 정책

문재인 대통령, 건강보험 보장강화 정책 발표(175p)

2017-08-09

・부동산 안정화 정책

집값 안정을 위한 8·2 부동산 대책

-김현미 국토교통부장관-

집을 거주공간이 아니라 투기수단으로 전락시키는 일은 용납하지 않겠습니다.

다주택자가 주택을 추가로 구매한 비중이 최근 2배 이상 늘어났습니다. 공급은 늘고 있는데 자기집을 가진 가구는 늘지 않습니다. 집을 많이 가진 사람이 또 다시 집을 사들이고 있기 때문입니다. 더 이상 주택시장을 경기부양 수단으로 악용하지 않겠습니다. 집 값 안정과 주거복지에 우선하는 정책은 없습니다. 서민주거가 불안정한 상태에서 내수 시장이 살아날 수 있다는 것은 환상입니다. 집값 문제를 해결하지 못하는 경제성장률은 숫자에 불과할 뿐입니다.

실수요자와 청년 신혼부부 등을 위한 주택공급을 확대하겠습니다. 서민이 주택을 마련할 수 있고 다주택자는 사회적 책임을 다하는 주택시장을 만들겠습니다.

• 에너지 전환 정책

이제 에너지 세대교체가 필요합니다!

에너지 계획은 100년 이상을 내다보고 세우는 장기 프로젝

트입니다. 내연기관 자동차가 서서히 전기 자동차로 세대교체를 하는 것처럼, 에너지 원료도 세대교체가 필요합니다.

지금 당장 모든 걸 중단하고 바꾸자는 게 아닙니다. 안전하고 환경을 더럽히지 않는 신재생에너지로 나아가려면 지금부터 준비를 해야 합니다. 현재 건설 중인 신한울 2호기(울진)의 수명은 2079년입니다. 지금 시작해도 탈원전은 약 60년 이후에야 가능합니다. 이미 전 세계는 신재생에너지로 향하고 있습니다. 신재생에너지 산업은 투자 유망업종으로 주목받고, 일자리도 빠른 속도로 늘어나고 있습니다. 이젠 우리나라도 미래를 바라보고 걸어야 합니다.

인생은 아름답고,
역사는 발전한다

故 김대중 대통령 서거 8주기 추도사

2017-08-18

김대중 대통령 서거 8주기 추도사

존경하는 내외 귀빈 여러분, 우리는 오늘 김대중 대통령님을 추모하면서 대통령님이 평생 동안 걸었던 민주화와 인권, 서민경제와 평화통일의 길을 되새기기 위해 모였습니다. 작년 4월, 저는 김홍걸 국민통합위원장과 하의도를 찾았습니다.

생가와 모교를 방문했고, 마을 분들과 대통령님의 이야기를 나눴습니다. 방파제에 앉아 대통령님이 그토록 사랑했던

당신은
우리입니다

하의도 바다를 바라보았습니다. "섬에 자라면서 그토록 원 없이 바닷바람을 맞고 바다를 바라보았지만 지금도 바다가 그렇게 좋다"라고 대통령님이 자서전에서 하신 말씀이 생각 났습니다.

제가 태어난 거제도 바다, 제가 자란 부산 영도의 바다도 거기에 함께 있었습니다.

작은 섬 하의도에서 시작한 김대중의 삶은 목포에서 서울로, 평양으로, 세계로 이어져 마침내 하나의 길이 되었습니다. 개인적으로는 본받고 싶은 정의로운 삶의 길이고, 국가적으로는 한반도의 평화와 번영을 위해 뒤따라야 할 길입니다.

고난과 역경을 이겨낸 대통령

님의 삶에는 이희호 여사님이 계십니다. 여사님은 대통령님과 함께 독재의 온갖 폭압과 색깔론과 지역차별에도 국민과 역사에 대한 믿음을 굳건히 지켜낸 동지입니다. 다시 한 번, 이희호 여사님과 가족분들께 깊은 존경과 위로의 인사를 드립니다.

존경하는 내외 귀빈 여러분, 저는, 무너진 나라를 다시 일으켜 세우겠다는 각오로 대통령 직무를 수행해오고 있습니다. 20년 전, 전대미문의 국가부도 사태에 직면했던 김대중 대통령님의 심정도 같았을 것입니다. 1998년 취임 연설 중 국민의 고통을 말씀하시면서 목이 메여 말을 잇지 못하던 모습이 또렷합니다. 국민을 사랑하는 마음이 절로 배어나오는 그 모습에 국민도 같이 눈물을 흘렸습니다. 대통령님을 믿고 단합했습니다.

나라 빚 갚는데 보태라며 아이 돌반지까지 내놓은 국민의 애국심과 뼈를 깎는 개혁으로 국가적 위기를 극복했습니다. 대통령님은 벼랑 끝 경제를 살리는 데만 그치지 않았습니다. 햇볕정책을 통해 얼어붙은 남북관계를 개선해 나갔습니다.

2000년 6월 역사적인 남북정상회담과 6.15 공동선언으로 남북 화해협력의 빛나는 이정표를 세웠습니다. 두 번에 걸친 연평해전을 승리로 이끈 분도 김대중 대통령님입니다. 대통령님은, 안보는 안보대로 철통같이 강화하고 평화는 평화대로 확고하게 다지는 지혜와 결단력을 발휘했습니다.

이후 참여정부가 끝날 때까지 남북 간에 단 한 건도 군사적 충돌이 발생하지 않는 평화가 지켜졌습니다. 우리의 외교안보 상황이 다시 엄중해진 지금, 저는 김대중 대통령님의 영전과 자랑스러운 민주정부의 전통 앞에서 다짐합니다. 김대중 대통령님이 보여주신 통일을 향한 담대한 비전과 실사구시의 정신, 안보와 평화에 대한 결연한 의지로 한반도 문제 해결의 주인은 바로 우리 자신이라는 원칙을 흔들림 없이 지켜나갈 것입니다. 나아가, 평화를 지키는 안보를 넘어 평화를 만드는 안보로 한반도의 평화와 경제 번영을 이뤄가겠습니다. 국민 통합과 적폐청산, 양극화와 불평등 해소의 과제도 민주정부의 자부심, 책임감으로 온힘을 다해 해결할 것입니다.

존경하는 내외 귀빈 여러분, 80여 년 전, 하의도의 소년은 청운의 뜻을 품고 설레는 가슴으로 목포로 향하는 배에 올랐다고 김대중 자서전은 말하고 있습니다.

세월이 지나 소년의 이름 '김대중'은 민주주의와 평화를 염원하는 모든 이들에게 참된 용기가 되었습니다. 아무리 먹구름이 몰려오더라도, 한반도 역사에 새겨진 김대중의 길을 따라 남북이 다시 만나고

희망이 열릴 것이라고 저는 믿습니다.

당신이 하셨던 말이 생각납니다.

"인생은 아름답고, 역사는 발전한다."

발전하는 역사에서 김대중이라는 이름은 항상 기억될 것입니다. 김대중 대통령님 그립습니다. 그리고 고맙습니다.

감사합니다.

김대중 대통령

　1924년 전라남도 신안에서 태어나 1960년 민의원에 당선된 후 1971년까지 6 · 7 · 8대 국회의원을 지냈다. 1963~1967년 민주당 · 민중당 · 신민당 대변인, 1968년 신민당 정무위원을 역임했고, 1971년 신민당 대통령후보로 민주공화당의 박정희(朴三)과 더불어 민주화추진협의회 공동의장직을 역임했고 1987년 8월 통일민주당 상임고문에 취임했다.

　같은해 11월 평화민주당을 창당하여 12월 대통령 선거에 출마했으나 낙선했다. 1988년 4월 제13대 국회의원(전국구)에 당선되었고 1991년 9월 통합야당인 민주당을 창당하여 공동대표최고위원으로 선출되었다. 1992년 12월 제14대 대통령선거에 출마했으나 다시 낙선해 국회의원직을 사퇴하는 동시에 정계은퇴를 선언했다.

이후 1993년 영국으로 건너가 케임브리지대학교에서 1년 동안 연구활동을 하다 1994년 귀국, 아시아·태평양평화재단(아태평화재단)을 조직하여 이사장으로 활동했다.

당시 민주당의 최대 계파인 동교동계의 막후인물로서 영향력을 행사했고, 1995년 6월에 실시된 지방자치단체 선거에 적극적으로 참여하여 민주당을 승리로 이끌었다. 같은해 7월 정계 복귀를 선언함과 동시에 동교동계 국회의원 54명과 함께 새정치국민회의를 창당, 총재가 됨으로써 제1야당의 총수로 정치활동을 재개했다.

1997년 10월 자유민주연합(자민련: 김종필 총재)과의 야권 후보단일화를 이끌어낸 뒤 같은해 12월 15대 대통령선거에서 당선되어 한국 정치사상 최초의 평화적 여야 정권교체를 이룩하며, 1998년 2월 제15대 대통령에 취임했다.

1998년 12월, 동남아시아국가연합(ASEAN)과 중국 및 일본과의 정상회담을 갖는 등 활발한 외교활동을 벌였으며, 1997년 11월부터 시작된 IMF(국제통화기금) 관리체제의 외환위기를 재정·금융 긴축과 대외개방, 금융 및 기업의 구조조정 등을 통해 극복했다.

1999년 5월 '아시아에서 가장 영향력 있는 지도자 50인' 중 공동 1위에 선정되었으며, 6월에는 미국 경제 주간《비즈니스 위크》가 선정하는 '아시아 개혁을 주도하는 지도자 50인'에 선정되었다. 2000년 1월 자유민주연합과의 내각제 개헌논의를 유보하고, 새천년민주당을 출범시켜 초대 총재에 취임했다.

2000년 6월 13~15일 김정일 국방위원장의 초대로 평양을

방문해 6·15남북공동선언을 이끌어냈다. 또한 동아시아와 한
국에서 민주주의와 인권향상 그리고 50여 년간 지속되어 온
북한과의 평화와 화해를 위하여 노력한 공로로 2000년 노벨평
화상을 받았다.

김대중 대통령의 마지막 연설

2009년 6·15 남북공동선언 기념식

6·15와 10·4 이것을 생각할 때 돌아가신 노무현 대통령을
생각하지 않을 수 없습니다.

故 김대중 대통령 서거 8주기 추도사

2009년 6.15 남북공동선언 기념식
김대중 대통령의 '마지막 연설'

인생은 아름답고, 역사는 발전한다

노무현 대통령과 제가 이상한 닮은 점이 많습니다. 둘 다 농민의 아들로 태어났고, 노 대통령은 부산상고을 다녔고, 저는 목포상고를 다녔고. 둘 다 돈이 없어서 대학에 못 갔습니다.

노무현 대통령은 대학을 못간 대신 열심히 공부해서 변호사가 됐고, 나는 열심히 사업해서 돈 좀 벌었습니다. 그후로 나는 이승만 정권, 노 대통령은 박정희 정권 독재에 분개해 본업을 버리고 정치 시작. 그다음 반독재 투쟁을 같이 했는데, 이렇게 해서 노무현 대통령과 저와는 연분이 많습니다.

당(새천년민주당)도 같았고 국회의원도 같이 했습니다. 그리고 북한도 교대로 다녀왔습니다. 이런 걸 보니 전생에 형제가 아니었을까… 물론 형님은 제가…

노 대통령 서거 소식에 내 몸이 반쪽으로 무너지는 것 같았습니다. 그것은 지나간 과거만이 여간한 인연이 아닙니다.

저는 이명박 대통령에 대해서는 강력히 충고합니다. 전직 대통령 두 사람이 합의해 놓은 6·15 남북공동선언과 10·4 남북공동선언를 이 대통령은 반드시 지키십시오. 그래야 문제가 풀립니다. 이 나라 도처에서 이명박 정부에 대해서 민주주의를 역행시키고 있다고 하고 있습니다.

지금 국민이 걱정하는, 국민이 피 흘려서 쟁취한 10년간 민주주의가 위태롭지 않을까 매우 걱정하고 있습니다. 과거에 이승만, 박정희, 전두환 세 대통령을 국민의 힘으로 극복했습니다. 그래서 여야 정권교체를 해서 국민의 정부가 나왔습니다.

노무현 대통령이 당선되어 그 모든 민주주의적 정치가 계속됐습니다. 우리 국민은 독재자가 나왔을 때 반드시 이를 극복하고 민주주의를 회복했다는 것을 명심해야 합니다. 만일 이명박 대통령과 정부가 현재와 같은 길로 나간다면 국민도 불행하고 이명박 정부도 불행한 것을 확신을 가지고 말하면서 이명박 대통령께서 큰 결단이 있기를 바랍니다.

마지막으로 여러분께 간곡히 말씀드립니다. 마음으로부터 피맺힌 심정으로 말씀드립니다.

행동하는 양심이 됩시다.
행동하지 않는 양심은 악의 편입니다

행동하면 그것이 옳은 일인 줄 알면서도 무서우니까 손해보니까 시끄러우니까 회피하는 일도 많습니다. 그런 국민의 태도 때문에 의롭게 싸운 사람들이 죄 없이 세상을 뜨고 여러 가지

수난을 받아야 합니다. 의롭게 싸운 사람들이 이룩한 민주주의는 누리고 있습니다. 이것이 과연 우리 양심에 합당한 일입니까. 나는 여러분께 말씀드립니다. 자유로운 나라가 되려면 양심을 지키십시오.

노무현 대통령이 만일 그렇게 고초를 겪을 때 500만 문상객의 10분지의 1, 50만이라도 그럴수가 없다. 전직대통령에 대해서 이런 예우를 할수가 없다. 확실한 증거도 없이 이렇게 매일같이 신문에 발표해서 정신적 타격을 주고 수치를 주고 분노를 주고 이렇게 할 수 가 없다. 50만만 이렇게 서명됐다면 노무현 대통령은 죽지 않았을 겁니다.

우리 모두가 행동하는 양심이 돼서 자유를 지키고 서민경제

을 지키고 평화로운 남북관계를 지키는 이 일에 우리 모두가

들고 일어나서 이 나라를 국민들이 안심하고 살 수 있는 나라

희망 있는 나라를 만듭시다 여러분!!

이미지 저작권

모든 이미지의 저작권은 정확히 표현하려 노력했지만 혹시 부족한 부분이 있을지도 모릅니다. 발견 시 수정할 예정이며 저작권 표시가 되지 않은 이미지는 퍼블릭이거나 라이센스 업체의 이미지임을 알려드립니다.

참고 자료

위키백과를 참고했습니다.